1 MONTH OF FREE READING

at

www.ForgottenBooks.com

By purchasing this book you are eligible for one month membership to ForgottenBooks.com, giving you unlimited access to our entire collection of over 1,000,000 titles via our web site and mobile apps.

To claim your free month visit:

www.forgottenbooks.com/free1264463

ISBN 978-0-365-32205-4
PIBN 11264463

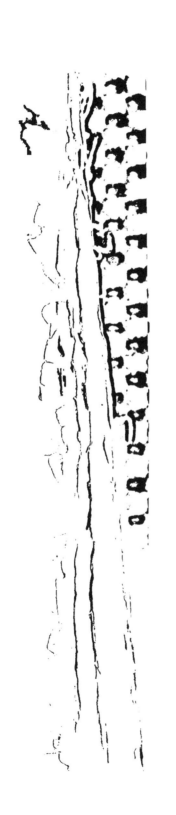

Morfeus

oder

das Reich der Träume.

Aus dem Klarfeldischen Archive.

Vom Herausgeber des goldnen Kalbes.

Regensburg, 1808.

Inhalt.

Kunſt=

I.

Die freundliche Schaar.

Hier iſt der Kaſten des Kipſelus ſprach eine Stimme, welche mich zu dem Sprecher zog, eh' ich noch meine Augen nach ſeiner Geſtalt aufſchlug. Der Zäſareer ſtand vor mir, ſah mich ſanft lächelnd an, und leitete meinen dankbar fragenden Blick mit der leiſe deutenden Hand.

Ja! ſie iſts! rief ich — ſie ſind's! ſo fühlt' ich ſie bevor ich ſie ſah; ſo wachte das Bild in meiner Seele, wie es nun hier auf dem köſtlichen Kunſtwerke vor ihr lebt! Ich nahte dem Geniuswerke.

Die hehrſchöne Nacht lehnte in feierlichem Zauber am Moosfelſen, der über ihrer Dämmergrotte emporſtieg; leicht hingegoſſen ruhten die reizende Formen in ſtiller Majeſtät; heiterer Ernſt wohnte in der ſchweigen-

Morfeus.   1   den

den Göttermiene, die Augen sanken mütter-
lich abwärts, um den anmuthig geschlossenen
Mund dämmerte ein keimend Lächeln. Vom
dicht umwundenen Haupte der unaussprechlich
Holden floh der Schleiermantel über Mar-
morarme, die sich ausbreitend die reiche Falten mit milder Sorgfalt sammelten, während
die leicht verschränkten Füsse eine — geliebte
Last zu stüzen, und doch ätherischschwebend
auf der Erde zu ruhen schienen.

Wen trägt, wen birgt die Himmelsgestalt? Was fesselt diese Olimpsaugen, daß
nur die gewölbte Tempel sichtbar bleiben,
worinn der Aetherstrahl wohnt, und die innige Andacht des Beschauers nur zur heiß ver-
geblichen Sehnsucht werden kann? O! ein
Orakel ihr!

Zwei Genien schlummern süs, an die
Mutter geschmiegt — der schwarze birgt den
lilienbleichen Lokenkopf an dem runden Arm,
welchen ihr rechtes Knie stüzt, und die matt
lodernde Farkel hängt in der sinkenden Hand
erdwärts: behaglich herbergt sich das glühende Haupt des weissen im Mutter = Schoos,
während sich in den beinah gefalteten Händen
der

der Mohnſtengel aufwärts nach der Schulter
kehrt. Leiſe und luftig bliken aus der Grotte
zu ihren Füſen Schalksaugen, lächelnde Ge-
ſichter, wimmelnde Gebilde in zahlloſem, frohen Tumult nach dem kleinen Schläfer auf.

O heilige Zwei, Tod und Schlaf! und
du, fantaſtiſches Traumheer! rief ich, und
wandte mich — Entzüken füllte die Bruſt,
Begeiſterung die Lippen — nach dem — ver-
ſchwundenen Pauſanias; ich forſchte umſonſt.

Ein leiſes Regen rief mich von fruchtlo-
ſem Suchen zu dem ſchönen Leben der Erſchei-
nung zurück. Kipſelus Werk war nicht mehr;
ſelbſtſtändiges Daſein beſeelte die Kunſtfor-
men. Unter dem ſchattenden Laubbach des
hochgewölbten Baum's ſchwebte die Göttin
in jugendlicher Schönheit; ich las in ihrem
Strahlenaug die Fülle des Seins; ſie war
des Alls Mutter, und erſchien ſo. Wo iſt
der lieblich düſtere Genius? Hat die erlö-
ſchende Fakel den Entſchlummerten verzehrt?
und der kleine, glühende Schlummerer? ver-
ſties ihn der zärtliche Mutterbuſen?

Blühend ſteht ein Jüngling vor der Lächelnden; aus der Götterhand empfängt er

1*   den

den Mohnstengel, während das lose Gewimmel, aus der Gefangenschaft der Grotte be-
freit, um die Hohe herjauchzt und tanzt und
sich wälzt, und die Mohnhäupter im jubeln-
den Lärm aufliest, die sie tändelnd für die
freundliche Schaar ausstreut: noch entsinkt
der Rechten die bunte Fülle, aus welcher ihr
die behende Genien beinah enthaschen, indeß
die Linke dem ätherischen Altbruder den Zepter
bildenden Schlummers reicht, welchen er mit
lächelnden Lippen und magischer Beweglich-
keit nimmt.

Die Strahlen ihres Blikes sprachen; ver-
stehend danken die Strahlen des seinigen: im
Sternflimmer säuselt das Wehen des reichen
Schweigens, bis sich plözlich tausend kleine
Fittiche entfalten, und der ausgestattete Mor-
feus mit der gaukelnden Schaar der holden
Diebe davon flieht. . .

Weile! weile! freundliche Schaar! o
weile bei mir! — Aber sie floh!

Ich suchte die hehre Göttin; auch sie war
dahin. Leise rauschte der hochwipflige Baum
über der geschlossenen Grotte.

Da

Da nahte die liebliche Dreigestalt der
Spinnerinnen, in deren zarten Händen sich
der Lebensfaden wirkt, tanzt und vergeht;
wie ein Schatten schwebte der schwarze Genius vor ihnen her, zur Seite hüpfte der
weisse. Eimarmene sendet uns, sprach die
Jungfrau mit dem Roken. Sieh das schnell
vorübergleitende Leben im noch schnellern
Wechselgebild des Morfeus und seiner
freundlichen Schaar, fuhr die Jungfrau
mit dem Faden fort, und der holde weisse
Knabe schmiegte sich mit seinen Mohnen
an mich. Die Jungfrau mit der Scheere
lächelte ernstfreundlich zu mir hin, sah,
was ich liebe, und wie ich geliebt bin,
und drükte den holden schwarzen Knaben
seitwärts.

—Ich war wieder allein und rief, innig
bewegt der freundlichen Schaar nach.

Ihr sanftes Schweben nahte, ich vernahm das zarte Gefieder, Morfeus und seine
Brüder umgaben mich lispelnd, leichte Gebilde wiegten sich im unendlichen Farbenspiel
um mich. Wir kehren wieder! flüsterte plözlich verscheucht die gaukelnde Schaar, und

aus

aus der dunkelnden Luft trat Hiperions Toch=
ter mit den Rosenfingern vor mich.

2.

Der dritte Pokal.

———

Freundlich trat mir Anakreon entgegen; o ich
erkannte den jugendlichen Greis von Teos
bald! Als holde kindliche Genien gestattet,
tanzten seine Dichtungen zu den Tönen des
lieblichen Saitenspiels um ihn her. Rosen
umkränzten sein Haupt, Rosen schlangen sich
in süs duftenden Gewinden um die Leier, und
in dem Pokal, den ihm ein lächelnder Knabe
nachtrug, schwammen Rosenblätter.

Willkommen auf dem Boden der behagli=
lichen Freude! rief er mir heiter zu. Nahe
gerne, du gern empfangner Fremdling; theile
mit uns, was wir froh dir geben — harm=
loses Vergnügen.

Dank dir! Freund der Freude und des
Lebens — dank dir!

Und dir Genuß! Nimm den Becher der
schuldlosen Lust aus meiner Hand.

Prin=

Bringe mir mit den tonreichen Lippen zu, was deine gastfreie Hand beut.

Er nippte, für dieses mal nur. Hier, Freund = Fremdling, hier der rosenbekränzte! Eile, schlürfe — das Leben flieht, die Lust = mit ihm, und dann liegen wir, ein Häuf= chen Asche!

Ich trank den süßen Nektar: muthwil= lig hüpfte er durch die Adern, tändelnd sprudelte er im kosenden Gespräch mit dem jugendlichen Greis, die schäkernde Knaben dräuten bald mit Blumenketten, bald mit schelmisch zielendem Geschoß, duftende Ne= belwölkchen umhüpften mich, süß taumelnd sank ich auf den Blumenrasen.

Die Brandung schlug den Silberschaum schwarzer Wellen an das Felsengestade; durch zerrissene Wolken schaute der Mond, die Windsbraut saußte durch den ächzenden Forst, die Geister der Helden führen in Duftgebil= den einher, ferner bellten die graue Doggen, der flüchtige Hirsch rief, und an den erhöhten Steinen der Gräber auf der Heide klang die Saite, darein tönte das Lied von alten Zei= ten und der Väter Thaten.

Ossi=

- Offian! rief ich; mit Jünglingskraft und Mannesschauern schritt ich über die Heide.

Gegrüſſt ſei'ſt du, Stimme' aus der Ferne dem Ohr des Barden — der Strahl des Tags ſchied von ihm, er begegnet nicht mehr dem ſanften Schimmer des Monds, der über den Gräbern der Helden weilt; er hebt nimmer das Schwerd der Feldſchlacht, einsam hängt in der Waffenhalle die erſchlaffte Senne des Bogens über dem Schild; vom Schlag des Speers erſchallt es nimmer. Doch ſei gegrüſſt, Wanderer aus fernem Lande; das Feſt der Muſcheln erhebt ſich, laut tönt das Lied von den Thaten der Helden, die Geiſter laſſen ſich auf ihren Wolken herab; ſie lauſchen, das Nebelhaupt auf luftige Speere ſtüzend, mit Wolgefallen dem Geſang des Barden.

Tiefer ſanken die graue Geſtalten um den blinden Sänger; jenſeits der Gräber kamen die Gäſte zu dem Feſt' der Muſcheln; der Jünglingsſchritt ſtokte, die Schauer ſchwirrten durchs Mark des Mannes.

Da ſchwebte aus den Nebelgebilden die gold-hehre Geſtalt der Heldentochter. Malvina!

vina! rief der Greis aus Morven — bist du
es, Malvina, du Stolz meiner Augen, meines sinkenden Abends Freude?

Sie nahte mit der gastfreien Muschel.
Erquikung dem Fremdling! flüsterte die milde Stimme des Lichts von Morven — willkomm auf dem Boden der That, ich bringe
dir den Trank des ernsten Festes. So schäumte er in Fingals Hallen, wenn die Söhne
der schwarzen Wogen dem Schwerd des Helden fielen.

Hoch schallte das Lied des Barden, in
die Feiertöne klang die Harfe des Fests; dü-
ster-froh blikten die Geister auf uns, an dem
fernen Saum der Heide verstummten Dogge
und Hirsch.

Theile, holde Tochter des Sängers,
theile, sprach ich, die Erquikung mit dem
Fremdling.

Die bleiche Lippen ruhten an der Muschel; feierlich ruhte ihr Aug an meinem,
dann reichte sie mir den schlichten Pokal.
Ich trank — Kampflust glühte im Busen,
der brennende Blik suchte die grauen Segel
der düstern Fluth, Waffen klirrten um mich;
die

die Geister der Helden winkten mir furchtbar-
freundlich, der Siz ihrer Wolken nahm mich
auf, auf den Flügeln der Winde fuhr ich mit
ihnen über die düstre Heide.

Das Gewand der Natur und des Friedens umgab mich, unter ihm fühlt' ich den
Panzer — an der Säule hiengen Schwerd
und Schild, grüne Lorber umgränzten sie,
von weitem tönte das Lied des lirischen Fürsten in das goldne Plektrum, fröhliche Ge-
spräche der Weisheit tauschten freundlich,
ruhige Worte um mich her. Wo bin ich?
rief ich erstaunt, und doch von innerer Ruhe
in sanfte Arme gefaßt.

Eine ehrwürdige Gestalt gegen mir über
lächelte mir Seligkeit, Thatkraft und Weisheit.

Nimm, sprach sie, die begeisternde Tropfen des geistigen Mahls.

Simposion! rief ich ahndungsvoll.

Der Greis reichte mir den Becher, den
er halb geleert.

Der sokratische Becher ist das! oder ich
errieth nie einen Pokal.

Der ehrwürdige Meister des stillen Fests
lächelte.

Und

Und du, Erhabner — Ich hielt, den lang
Erſehnten nur ſchauend, inne —

Des Sofroniskus Sohn, ergänzte er
die abgebrochne Rede.

Ich ſprang auf. Wollt' ich zu ſeinen
Füſſen, an ſeine Bruſt ſtürzen? Ich weis es
nicht — Aber es war Sokrates, ich glaube
das Leßte.

Sein mild = gewaltiger Blik hielt mich
zurük — Willkomm, ſagte er, auf dem Boden der ſchönern Entwiklung, wo Marathons
Trofäen die Hallen der Filoſofie beſchatten,
und heiterer Lebensgenuſſ an der Hand der
Liebe und des Wirkens für Wahrheit und
Vaterland wallt. — Theil' unſern Becher!

Ich nahm aus der heiligen Hand den
Weihenden. Mein Blik wallfahrtete im Kreis
der erlauchten Gefährten und Schüler. Ich
ſah ſie alle, die hohe Geſtalten, welche aus
der geiſtigen Werkſtätte des erhabnen Bild=
hauerſohns hervorgiengen. Ihn ſelbſt, den
Bildner höherer Welt; den Weisheit ver-
ſchönernden Plato, und Xenofon, den Liebe-
ling der That und des Wortes, in das be=
geiſterte Aug faſſend, trank ich den dritten

Po-

Pokal. Himmlische Eintracht beseelte mein Innerstes.

Auch den Schirling tränk' ich, Erhabner, mit dir! — Ich sank reich erwachend in den Schoos des Lebens zurük.

3.

Verjüngender Maasstab.

————

Auf dem friedlich = holden Boden, über welchém des Kriegs Eisenhuf dröhnend klang, lag der gewaffnete Sänger des Frühlings, der zugleich ein begeisterter Held im Kampfe war. Die Donner der Schlacht schwiegen jezt, das Getös der ehernen Anstalten war verstummt, auch das Klirren fliegender Bothen und lauschender Wachen drang in diesem Moment nicht in das heimliche Kloset der Natur, in welhem Ewald Kleist am Busen der Dichtermuter ruhte, Wonne in den eignen seligen saugte, und reiche Töne des Lieds sanft wogenden Lüften vertraute. — Die teutsche Hand griff aus dem griechischen Plektrum Welttöne.

Wol

Wol dem Sänger! rief Theokrit Ewald
— wol ihm, der mit Zaubern die Pein der
Gesellschaft bindet, und Aetherfittiche dem
Menschen leiht, um über den Bürger wie
über den Wilden aufzuschweben.

Wol ihm! lispelte eine nette Gestalt,
welche dennoch nicht zart schien.

Kleist wandte sich nach der Stimme; er
glaubte die Gestalt sehn zu müssen, um ihr
Geschlecht zu erkennen, so sonderbar mischte
sich aus Männer = Erz und Weiber = Flöten=
ton der räthselhafte Doppellaut. Aber sein
Aug erfüllte nicht, was das Ohr vermißt
hatte.

Die nette Gestalt in veilblauem Gewand
und grünem Schleier machte Anstalt, sich
bei ihm niederzulassen. — Einen Freund
ahndete der Dichter nicht in dem verhüllten
Wesen, und die Freundin, welche sich dar=
aus hervordrängen konnte, däuchte ihm nicht
erfreulich: aber nur mit einem von beiden
im ächten Sinn konnte er seine holde Ein=
samkeit theilen. So hob er sich der Annähe=
rung zuvorkommend, vom duftenden Rasen
und bot der Erscheinung — nicht die Hand.

Sie

Sie meiden das kleine Eden, fragte diese, indem sie mit etwas auffallender Harmlosigkeit nach der Hand des Krieger = Dichters griff, die sich sittig entfernte.

Meine Pflicht ruft mich, erwiederte der bescheidne Dichter = Held.

Die süseste Ihrer Pflichten fesselt Sie an mich — entgegnete ein herberer Ton.

Das Wie! der Befremdung sprach aus Kleists Augen. Diese Inhaberin ihm heiliger Rechte kannte er nicht, so gebieterisch sie sich auch ankündigte.

Ich bin — eine Muse — Sie fächelte das Gesicht durch den Schleier.

Der Klaude Lorrain der Dichtkunst blikte auf die angebliche Tochter Jupiters und Mnemosine's; in einem leisen Lächeln schlich der satirische Gedanke über sein Gesicht, daß diese hier den Schwestern wol nie die Hand zur keuschen Rache an dem verführerischen Adonis geboten hätte.

Sie müssen mich schon gesehn haben, fuhr die Fächelnde fort — Nie fehl' ich an Apolls Kourtägen, und in seinen goldnen Sälen war es, wo die simpathetische Magie,

zu=

zuerſt das unſichtbare, aber unwiderſtehliche
Band um ſich warf, das mich — hernieder,
hieher, zu Ihnen, lieblicher, zieht.

Unſchlüſſig, wie es ſchien, aber deutlich genug lächelnd ſtand Kleiſt vor der be-
redten Neu = Antike.

Kommen Sie mit mir, flüſterte ſie leicht-
hin, ſchlüpfte mit ihrem Arm unter den ſei-
nigen, und lenkte den Schritt des ſcheinbar
ſie führenden. Der Dichter gedachte der
Koſaken, gegen die er im Felde ſtand, und
vermuthete in ſeiner Begleiterin irgend eine
Tochter aus einem nordiſchen Nebenzweig
des pieriſchen Hauſes, welche ſich vielleicht
nach dem Freunde des preuſſiſchen Grena-
diers erkundigen wolle. —

Plözlich zeigte ſich ſeinen von ihr aufgeforderten Bliken ein Gebäude, welches halb
und halb feenhaft in den Büſchen ruhte,
und von der unbekannten Dame Tempel be-
titelt wurde. Mein Tempel ſagte ſie, und
Kleiſt fand, mit einem ſchalkhaften Seiten-
blik, daß er ihrer nicht unwürdig ſei, ſie
möge ihn als Prieſterin oder Göttin be-
ſizen.

Hie=

Hieher, mein edler Freund — nur hier zur nächsten Pforte herein! Ich kann es nicht erwarten, Ihnen, Genius, meine Schäze, meine Werke zu zeigen — Oeffnen Sie alle Poren Ihres Gemüths, und saugen Sie, gerne geladen und froh geniesend, gesundne Fülle in den Geist, dem sie gebührt. O! mein Sehnen im Busen mus weiter zündend entflammen!

Hilf Himmel! dachte der eintretende Kleist — und seine Züge sprachen es — da bin ich ja in einer Porzellanfabrik; ein schöner Parnaß! Former kneteten, Oefen prasselten; Mahler mahlten, Vergolder bepurpurten, Polirer rieben, alles pochte, rauschte, klatschte und plauderte durch einander — Händewerk und Kunstgeschrei, kreuzten und verbanden sich, niemand hörte, alles sprach; niemand staunte, alles bewunderte — sieh! Ein Bloksberg der Kunst; kein Helikon.

Die Dame kommentirte den Sabat. Hier mein Freund, sagte sie, indem sie mit einer Hand Herrlichkeit um Herrlichkeit deutete, und mit der andern die veilchenblaue Schleppe über die erdigen Trümmer und

Ele=

Elemente der Bildnerei sorgsam emporhob, hier sehn Sie alle klassischen Reste in treuer Darstellung in genialer Nachbildung — sehn Sie! Homers Götter und Helden, des italienischen Bildners Helden und Götter, die grossen Reste meiner ältesten Schüzlinge, und die herrlichen Werke meiner jüngern Günstlinge, der Arioste, Tasso's, Petrarche, Lopez, Miltons, Korneilles, Dante, Kamoens, Klopstoks —

Der Priester des Frühlings bat die geschwäzige Dechantin des Duodezklosters der Schöpfergenien um einen Zungenstillstand. Triumfirend sah sie nach dem — sie glaubt' es — Geblendeten, welcher soviel gehäufter Herrlichkeit nicht zu widerstehn vermöge. Im Siegesgefühl schlug sie den grünen Schleier zurük — ihr eigener Anblik sollte vollenden, was ihre Werke begannen.

Ein Gesicht der Nürnberger Farbenkunst sah Kleist, wie er's erwartet, Karminglut auf Wachsblässe, Glasaugen unter der Firnisstirne, Kirschenlippen nach dem Lineal gezogen, und eine Nase, an der nichts griechisch war als der anspruchsvolle Name.

Er schlug die Augen nieder um die gewaltsamen Krämpfe des Seelenlachens niederzubrüken; entzükt genoß die Pseudo-Göttin dessen, was sie Verwirrung nannte, in mühsam stillem Jubel. Sie drükte mit der kalten eignen seine warme entfliehende Hand. Ist das nicht eine Welt? fragte sie, und meine selbstgeschaffne dazu?

Dieses Ihr veilchenblaues Gewand, Madam?

Spricht das innere, zarte, weiche Gemüth aus.

Und der grüne Schleier?

Die nachbildende, nachstrebende, Kunstwirken ersehnende Tendenz.

Und der bewegliche Fächer?

Den verjüngt wiedergebenden, verjüngt neuschaffenden Maas- und Zauberstab.

Kleists Blike hoben sich unmuthig-ernst zur — niedern Deke der Geistesfabrik.

Sie fuhr hinweg, von Sturmes Hand gefaßt. Auf leichten Gewölken gelagert, in himmlische Saiten greifend, schwebten die Dichtergenien aller Zeit über dem bebenden Kartenhaus der Künstelei, unter dem

Azur-

Azurgewölb des ewigen Sternzeltes. Ewald-
Theokrit flog, von lächelnden Silfen getragen, an ihre Seite — im Schoos des Firmaments hallte ein heiliger hoher Donner.
Die Deke zog sich wieder über die Köpfe
der zitternden Fabrikanten, die von der Enge
erfrischt, vom Lager der Furcht aufsprangen,
und ämsig wie Naturforscher Mondsteine, so
die Formen aufklaubten, welche den Aether-
wolken als gute Beute für den verjüngten
Maasstab entfallen.

Aber Homer legte hoch oben auf dem
Himmelswagen die Hand auf die Brust, und
Kleist sprach, auf der eignen wallenden seine
Hand: Im Innern nur lebt der verjün-
gende Maasstab — und nur an die große
Natur schmiegt er sich.

4.

Das Huhn im Sonntagstopf.

————

Blumen schmükten den Wiesenpfad, der
zwischen dem Bach und lispelnden Bäumen
schlich. Freundlich sah der heitre Himmel
auf

auf lächelnde Fluren, belohnt lächelte mensch-
licher Fleis aus fruchtbaren Furchen, der
Segen des Eigenthums schwebte über der
blühenden Gegend, und vermählte sich über
wirthlichen Dächern mit dem Segen der
Ruhe. Hehr tönte die Feierglokke der Land-
kirchen in das Lustlied der Vögel, der Gesang frommer Gemeinden begegnete, zur
Gottheit emporsteigend, den Aethertönen der
Lerchen, und mächtig = leise schwebte eine
grosse Harmonie über der Erde, auf welcher
ich wandelte, indem auch mein Sinn über
ihr schwebte; über ihr, der willig = holden
Wolthäterin, der gerechten Mutter gleich
geliebter Kinder.

Da erblikt' ich nicht fern, am Saum
des Bachs eine Gestalt in faltigen Gewändern, welche dem Alterthum halb, zum Theil
der Neuwelt anzugehören schienen. Eine
Rolle unter dem linken Arm bewahrend,
trug sie in der Rechten ein Buch, aber ihre
Seele war nicht bei den Blättern, sie mußte
in den Augen sein, obgleich ich diese Augen
nicht sah. Entzüken, inniges, heiliges Entzüken sprach aus der schwebend = warmen

Ge=

Gebehrdung; wie ein leuchtender Schatten
(vergieb, Kritik! der Begeistrung!) wurde
sie von sanften Lüften vor meinen nacheilenden Schritten hergetragen, ich vergaß der
reizenden Gegend um dieses ihres Bewohners willen, der unstet und doch in unver-
änderter Richtung mich mir selbst entführte,
indeß auch er, ruhelos nicht am Ziel einer
Laufbahn anlangend, an der Hand des Schiksals wanderte.

Pithagoras! rief ich, und die Harmonie
der Sphären! Süßes Erwachen in der bessern
Welt! so schön und so leicht bist du dem
Sehnsuchtsvollen zu Theil geworden!

Die hehre Gestalt blikte um sich, ernst
nach mir hin, dann zum Himmel weihend. —
Ich seh ein Kreuz an ihrer Brust; nein!
das konnte nicht der weise Sohn des Bild-
hauers aus Samos sein. Wer bist du,
Himmlischer? rief ich — der himmlische war
verschwunden; Nacht umgab mich, ich strebte
gegen das Dunkel, und verlohr das Bewußtsein in dem Streben, das mich über-
mannte.

An der freundlichen Thür eines freundlichen

lichen Hauſes fand ich mich wieder. Sie
war offen, ſpielende Kinder ſaſen unter ihr,
und lachten mich an, wie Bothen des Ver-
trauens. Sie winkten mir, als wollten ſie
mich zu ihren Spielen einladen; ich folgte
dem holden Ruf aus der Unſchuldswelt.
Das Haus ſchien von Erwachsnen verlaſſen,
obgleich vom thätigen Wolſtand des Haus-
vaters, von der Hausmutter zart - verſtändi-
ger Sorge erbaut und ausgeſtattet. Die
ſchwimmenden Töne der Orgel und andäch-
tigen Volksgeſangs aus der Ferne deuteten
mir die milde Einſamkeit der keinen Haus-
bewahrer, die harmlos und bald lauſchend,
bald jauchzend, am einfachen Hausaltar zurükgeblieben.

Leiſe Odemzüge hielten mich an der
halbgeöffneten Kammerthür' feſt; mein Blik
ſchlich ſachte in das dämmernde Heiligthum,
ein ehrwürdiger Grosvater ſchlummerte ſanft
im Armſtuhl, der — ich ſah es — ihm kein
Sorgenſeſſel war. Leiſes Flammenkniſtern,
ſtill wirkendes Rauſchen rief mich von der
heimlichen Ruheſtätte — in der reinlichen
Küche ſchaltete die alte Grosmutter ämſig,
und

und beschikte das frohe Mahl der betenden und spielenden Kinder und Enkel. Mit der Miene vorgeniessender Freude über der Lieben Genuß stekte sie eben das Sonntags= huhn in den Topf, der seiner an der lodern= den Flamme wartete, und es geschäftig präs= selnd aufnahm.

Heiliger Geliebter deines Volks! rief ich, plözlich über Vorgeschichte und Ziel mei= ner Wanderung belehrt! Auf deinen segnen= den Fusstapfen walle ich, du Gros = Guter, im Mund Vieler, in Weniger Herzen! du erwürgtes Muster der Vaterliebe, du spät angebetetes Opfer des Verraths!

Eine unbekannte Macht nahm meinen Worten den Laut: ruhig und ungestöhrt wirkte und webte die Alte, schlummerte der Greis, koßten die Kinder fort. Aber ein leiser Druk faßte meine sich schnell ergeben= de Hand, und die Erscheinung vom Saume des Bachs stand ernst= mild neben mir. Ich erkannte die Züge des verklärten Hardouin. Willkommen! flüsterte ich, durch seine Ein= wirkung nur ihm hörbar — willkommen Lud= wigs Erzieher, Heinrichs Biograf! selig in

die=

diesem Werk für das verfehlte erste — du
hier mein Gefährte! Wo ist der himmlische
Geist, welcher dich zum Mahler des besten
Königs, und zum Vorzeichner königlicher
Pflicht beseelte? wo ist der filanthropische
Beschüzer des Sonntagstopfs zum Huhne,
welchen die mörderische Geier aus den Won-
nen seiner Schöpfung aus den Armen der
Kinder und heissen Volksliebe rissen?

Der verklärte Erzbischoff legte die Linke
auf meine Lippen, indeß er mit der Rechten
die Wand wie einen Vorhang zurükschob;
aus dem Kampf der Elemente stürzte Ravail-
laks blutiges Messer zerbrochen zu unsern
Füssen, liebliche Dämmerung verdrängte die
Sturmbilder der Zerstöhrung, die Schatten
der Jahre zogen über die unermeßne Ebne,
wie dunkle Wolken am Firmament, heiliges
Licht erhob sich am Himmelssaume — an
Sülli's Hand erschien der Geliebte, zeigte
nach dem Licht, und verschwand.

Ich erwachte: hell brannte die Kerze,
und warm umfaßt' ich Hardouins Buch,
das ihr entsinkend in der selbstgesunknen
Hand lag, mit Blik und Liebe.

5. Vir=

Virgils Grabmal.

Sind die Pakete glüklich zu, und — Gott
geb' es — auf und davon? fragt' ich den
gutmüthig geschäftigen Kanzleidiener, welcher die, nicht in des Himmels, aber in des
Staates Namen zehrende Opferflamme für
das Siegellak entzündet hatte.

Statt der Antwort brachte er einige
neue Stöse Papiers, das nach Unterschriften
schmachtete. Mein Geist lies die Fittige sinken, die Hand griff zur Feder. Ein Name
scheint zwar bald geschrieben, aber wer giebt
euch die Minuten wieder, welche an dem
ausprägenden Mechanism vergehn? Umsonst
fordert ihr sie von dem Expeditor, wie August seine Legionen von Varus.

Indessen kann die Stoa an und neben
der Streubüchse wohnen, wie einst Aesthetik
und Filosofie auf den Goldkissen der Wate-
lets und Helvezius; und so wie die Botanik
den Menschen lehren könnte, daß man ruhig
auf Erden glüklich sein mag, und dann am

schön=

schönsten blüht, so könnt ihr — zollt ihr
auch der hinkenden Wolthat nur lahmen
Dank — von der Kanzleipraxis lernen, daß
sich das Kapital filosofischer Geduld auch
mit Papiergeld verzinse, wenn ihr es erst
dahin gebracht, Glanz und Klang, vor allem
den Werth gediegnern Lohns zu vergessen.
— — — So war denn zulezt alles beschrie-
ben und besiegelt.

Ich flog der blühenden Natur zu —
mein Doppel-Ich — mein anderes und mein
inneres — wir warfen die Federproben der
Meßkataloge hinweg; die unsterblichen Schöpfungen des genialen Wollhändlersohns be-
gleiteten uns in die ewige der Natur, die
seine Mutter war, und seine Freundin.

Neapel lag vor uns, reich vom reichen
Horizon umgürtet; wir standen in heiliger
Ehrfurcht vor dem Denkmal, welches from-
me Liebe zum Genius dem jüngern Bruder
Homers weiht. Irrt auch das Kind im
Menschenbusen, die Meinung, so irrt doch
die Liebe nicht, wenn sie das Monument der
Vorzeit Virgils Grabmal nennt, und den
Genius ehrt, wie Petrarch ihn sang, und
Laura nannte.   Die

Die Menschen tragen sie — so sagten die beiden Ich zu einander — sie tragen sie gleich dem Licht in der beweglichen Glas= hütte, doch sollte sie ihnen leuchten, wie ein Stern vom Azurgewölbe. Wir verstanden uns, lagerten in den geweihten Schatten, blikten auf den alten Ozean, der jeden Abend ergraut, um in der nächsten Sonne mit Jünglingsglut zu erwachen, und saugten Shakespears Geist an der Urne Maro's. Aetherisches Heilmittel für pfahlgespießte Märtirer der Gewohnheit.

Hätte auch der Dichter der Aeneide von dem Sänger der Argonauten seine Medea entlehnt, o so gab er sie verschönert in einer Dido zurük, die er in der Geschichte aus= löschte, um ihr ein neues lieblicheres Leben in seiner Fabel zu geben! Nur für Lebens= bettler ist das Leben karg.

Die Stimme, welche das sprach, schweb= te aus dem Schoos der Weiheschatten. Wir lauschten, die Geisterwelt hallte in den ver= klärten Tönen wieder, und ein eigner Geist in ihr.

Apol=

Apollonius von Rhodos widerspricht nicht, erwiederte von anderer Seite des Denkmals eine zweite Stimme, die, wie die erste, einem Bürger höherer Welt angehören mußte, der aber auch in der frühern niedern schon höher war, als seine Wiegenerde und Wiegengefährten. Mir scheint, fuhr sie fort, der Schüler des Kallimachus ist ein gefangener Genius, wie du es einst warst.

Sperrt ihn ein, rief die erste wieder; und er schaft sich aus verbrannten Brodrinden und Wasser Dinte für seine Gedanken!

Unser Nachbarpaar wurde sichtbar, doch sie nahmen das still lauschende Doppel-Ich nicht wahr. Entzükt sah dieses die beiden erlauchten Florentiner, im Leben durch ein Jahrhundert getrennt, verbunden durch Geniuskraft und ewigen Ruhm, im Dekameron und Fürsten unsterblich.

An deiner Auferstehungsstätte find' ich dich, edler Landsmann, sprach lächelnd Machiabell. Wol mußt du hier so innig fühlen, als nirgens, daß Geniusberuf Sprünge über Riesenklüfte macht, wie Vaillant von der Nonnenorgel zur Botanik.

Sei

Sei mir gegrüßt, Geschichtschreiber unseres Vaterlandes, erwiederte Bokaz. Ja
hier entsprang ich, du edler Bruder des Li-
vius dem Schlangenstabe Merkurs, um zu
Apolls heiliger Schaar überzuschreiten. Vom
Unmuth über die Sklaverei im Goldberg-
werk des Handels verzehrt, lag ich in diesen
seligen Schatten; der Geist der Weihe schwebte mit den Aetherflügeln um die Ruhestätte
des Göttersohns, der den Olimp zur Erde
herabsang, und in unsere Seelen den Himmel. Mir war ein Elisium im Busen ge-
öffnet. Ich blikte in die bezauberte Regionen, deren still-warme Ahndung mir starke
Geduld und heisse Sehnsucht auf dem Dorn-
pfad des Handwerks gab — ich blikte auf
den dornigen Sand des Gewerbes zurück —
ein Himmel lächelte mir, die Marterbahn
wurde zur Hölle — Menschliche Selbstfessel
ist die Unmöglichkeit, rief ich, den Geist der
Begeisterung ohne Rükhalt ergebend; die
Kette zerfiel, des Lebens Sklave war sein
Herr, und das Brodstudium wurde — Ambrosia.

Und der Kaufmann der Genealogist der
Götter!

Die Unwissenheit schleuderte ihre Erde
gegen die hohe Himmelskunst, die Trabanten
der Themis dräuten dem Gesetzgebenden Innern mit den Wurfpfeilen des Kodex. Die
Diener des Altars schäumten gegen die Viel-
götterei des Dichters — ich schloß geniale
Armuth an die warme Brust, entsagte der
Gewinnkunst, und der Gewinnlehre, wollte
reich sein in mir, und den Schöpfer im
Busen nicht unter Geschöpfen des Tagewerks
verliehren.

Fianetta!

Heiliger Nachhall eines durch sie geheiligten Daseins! Mit Wonne sink' ich — von
holder Fülle der Andenken umschwebt, hier
nieder, wo mein Wesen aus der Hülle des
Bürgers brach, und die Psiche freie Fittiche
über den sinkenden Tonkörper sprettete. Und
mit Liebe nah' ich dir, du Verwandler des
höhern Seins, und — ich fühl' es, daß ich's
sagen darf — und meiner! Mit Liebe und
mit Bewunderung! Du verklärtest den Be-
ruf des Lebens durch den Lichtruf des Genius;

nius; die dunkle Alpen des irdischen Seins
kröntest du mit Purpurgipfeln der Himmelsglut. O sei mir gegrüßt, wie du mir lieb
bist!

Keimt nicht der Genius öfter an der
Hand der Fraze auf, wie Taddeo Zuccharo
an der Unterstüzung des Groteskenmahlers
Franzesko di S. Agnolo?

Staatssekretär und Dichter der Man-
dragola — das begreift der schlichte Novel-
list kaum Virtuos auf der Harfe und der
Leier —

Schone meiner, du Guter — Nenne
mich nicht mit dem Namen, der unsern Nach-
kommen so leicht und so bedeutungslos über
die geschmeidige Lippen schlüpft, als die moralisch ausgebalgte Exzellenz, und zwar vier
Seiten über dem Hohl-Holze, aber auch
noch etwas mehr erfordert, das oft fehlt,
wo der Titel glänzt; seine Größe ist so kon-
venzionell geworden, als der Reiz manches
Instruments.

Weigere dich nicht, edler Nikolo. Was
du betriebst, umfaßtest du heiß und hell und
vollwirkend — wie der ächte Feuer- und
Aether-

Aethergeist die rohe Welt an sich zieht, und
dann in eine verklärte umgestaltet — wie er
den Stoff des Niedersten schöpferisch greift,
und den Hauch des Höchsten hineinsendet,
daß die Verstehende im Innern jubeln, und
die Professionisten unwillig aber unwiderstehlich fortgezogen, den Stolz ihrer In-
nungsgröse bei dem Innungslosen erlernen,
wie die Juden in Watebleds hebräischen
Vorlesungen.

Giovanni von Certaldo — ich bin kein
Heuchler an der Hand seines Enträthslers
— lobe mich nicht zu sehr, aber laß' uns
wirken. Siehe! neben der Asche Virgils
schlug deinem Geist die Stunde der Befrei-
ung; des hehrsten Segens, der fessellosen
Entwiklung Fülle thaute aus dem hohen Andenken des geschiednen Grosen, aus der
nimmer sinkenden Glorie der unsterblichen
Gröse auf dich. Siehe! die Erde ist schön,
so dunkel sie auch ist, aber eingekerkerte Geister gehn auf ihr umher, und wo einer der
Starken die Kette des Gängelbands sprengt
und füselos aber nach dem Himmel sich seh-
nend, wie ein Paradisvogel emporschwebt,

nicht

nicht mehr gehend und nicht ruhend, da
schreien die gebündne Kinder, und nennen
ihre Ammen — Engel. Laß uns der schönen
Dunkelerde den Weihesegen des Genius sprechen — der Strahl, der über den Wolken
wohnt, spiegle sich wenigstens in den Nebelgebilden unter den Wolken wieder, und wo
ein Prometheus erwacht, der Sonnenfunken
am Himmelsgewölbe für die Gestalten aus
Erde zu fassen aufsteigt — das Lallen der
Erdgestalten nennt es Erkühnen — da trage
Himmelswehen den Geistschiffer, und der
Sphärenklang töne ihm Jubel und Lohn.

So sei es! rief der Geist von Certaldo
— es sei!

Er mahle, wie Thomas Bosschaert immerhin schon im zwölften Jahre sein eigen
Bildnis, wenn gleich nicht mit Farben; oder
nicht mit vollen, ächten, warmen! immerhin
lern' er mit Wouvermans erst später zwischen die exzentrischen Extreme seiner Feuer-
Schöpfungsbahn den Stufenschmelz von
Schatten und Licht hauchen! — und mögen
die Wallius die Sündfluth hexametrischer
Parafrasen über horazisches Wassergold aus-

gießen — und das Gewerbs= und Nähr= und
Trivialvolk schreien und krächzen und zetern,
daß er Antonio venezianisch die Unmöglich=
keit der troknen Ueberarbeitung aus dem
Schazborn des innern Vermögens in den
frischen Kalk der Gemüther mahlt! — Doch
schöpfe er ungetrübt wie ungestört, adlerhaft
auch ohne den Horst der Felszinne zu ver=
lassen, aus sich und der ewigen Sonne, wie
Juan de Waldes —

Er schöpfe! er schaffe!

Und nie werfe ihm die Nemesis vor,
daß in seinen wie in Franz Wouters Wer=
ken, die Färbung des Wahren und Guten
zu Boden sinke und dessen gelbliche Farbe
trage — es komme nun vom Gold oder
Schmuz —

Nie entehre sein Werk der Nimbus der
Niedrigkeit!

Und zulezt werde dem alternden nur ein
Tizians=Zögling, der mit kluger Hand das
schüzende Olivenöl unter die Farben des
schwach gewordenen Uebermahlers der eignen
Meisterwerke mische!

Die

Die Pairs des Geisterreichs wurden nur noch im fernen Säuseln gehört — das Doppel = Ich sah sich selber herzlich an, dann den Himmel, umarmte sich, und warf den Abschiedsblik auf Virgils Grabmal. Eine dürre Matrone im Jungfrauenschmuk stand neben diesem. Wer bist du? rief die Doppelstimme. Die neueste Kultur! krächzte ein Grabeslaut.

6.

Die Patriarchenstunde.

Der Wasserfall rieselte — es war kein Rheinfall — über Glanzkieseln; der Lufthauch schwirrte — es war kein West — durch blüthenlosen Baumschlag; der Vogel ächzte — es war keine Nachtigall — in farbenlosen nagenden Klagtönen. Meine Füse schmerzten mich; es war mir als fühlte ich die geprüften von spizen Erdkrallen zerrissen, warme Tropfen thauten über die wandernden, ich blikte abwärts und zurük. Blut bezeichnete die Spur des Pfads, welchen wir der Wildnis abgewonnen.

3*   Wo=

Wohin noch? sprach ich mit der geprägten Stimme der Entschlossenheit. Für Versprechungen gieng ich weit genug, zu weit für Hoffnungen. Erfülle, Graubart! oder ich kehre zurük.

Der alte Mann mit brauner Kutte, mit Lendenstrik und silberndem Langbarte sah ernst nach mir, ernster vorwärts, beinah finster vor sich hin, sprach nichts und gieng weiter.

Mein Weg ist geendet, rief ich feierlich. Ich kehre um. Ich that es.

Ein Bliz spaltete die Wolken, ein Donner ballte sie gegen die wiederhallenden Gebirge, die Erde bebte, die Felsen wankten, die tausendjährige Eichen stürzten. Ich lag in einer Grotte am feuchten Boden, Dunkel umgab mich, eine heiße Hand bestrich mein Gesicht, doch kein Odem verrieth die Menschenbrust; im Busen war mir die Seele lebendig, auf der Zunge jeder Laut gefesselt. Vergeblich rang mein Gemüth empor; Leichen ähnlich lag mein Körper.

Da tanzte ein blaues Flämmchen aus dem Hintergrund der Höle; über den Boden hin,

hin, lodernd nahte es mir — ein Lichtkreis
umgab mich. Meine Augen sahen, mein
Blik starrte.

Auf meiner Brust sas ein Duodezfaun
mit hämischen Zügen und einer Riesenhand; neben mir stand ein Storch, ein goldner Zügel lief vom spizen Langschnabel zu
dem kleinen Finger der Riesenhand, um den
er sich festhaltend schlang. Grinzend strekte,
dem Lichtkreis zu Troz, der alpenhafte Pig-
mäe die Goliathsfinger nach meinem Unmuth
glühenden Auge rechts; der Storch nahte
den gezügelten Spizschnabel dem zürnenden
Auge links. Wieder rieselte der Wasserfall,
schwirrte der Lufthauch, ächzte der Nacht-
vogel; warme Tropfen thauten über die
schmerzenden Füse, ich rang mich empor,
doch vergeblich — fest schloß ich die Augen
vor frevler Berührung.

Funken zischten um meine Stirn, Flammen praffelten aus den Augenliedern, Klaggeschrei mischte sich mit kläglichem Geheul.
Der Bliz schlug durch die Grotte, der Donner goß Wasserfluthen aus den zertrümmer-
ten Wolken, der Boden vergieng unter mir,

Wel-

Wellen plätscherten, ein hüpfender Kahn
mußte mich tragen — ich fühlte es nur, fest
blieben meine Augen geschloffen, ich erhielt
mich im glüklichen Ohngefähr des schwankenden Gleichgewichts.

Leise gaukelte der Kahn über die ruhige
Fluth, der West säuselte über duftig-lispeln-
de Büsche, in das Pianissimo der sanft-re-
gen Natur seufzte die Nachtigal Flötenhauche.
— Wohin? rief ich, plözlich meiner Zunge
Herr, doch nicht der in Fesseln gelegten
Augen.

Leichtes Rauschen schmiegte sich an mich,
weiche Hände lenkten den Blinden sorgsam
auf den Rasenteppich des Ufers, flüsternbes
Kosen tändelte unverstanden — freundlich
um mich her.

Wohin? wiederholte ich mit stets gleich
geprägter Stimme des Entschlusses — Weich
ist die leitende Hand, doch mein Geist will
sehn, wohin sie führt, oder die blinde Hülle
im Abgrund zerschellen. Es rauschte, flüsterte, schwieg — ich riß mich los, und —
stürzte endlos.

Wie

Wie ich Grund berührte, strahlte Tages=
glorie in meine selbst strahlende Augen. Auf
dem lieblichsten Hügel sah ich mich in blü=
hende Kräuter gebettet; die lächelnde Welt
umgab mich, an meiner Seite saß im Ge=
wand des Lichts eine Patriarchengestalt, sie
reichte mir die kräftig=milde Hand.

Dort erblindetest du — sprach sie,
tief unten nach dem Abgrund zeigend, wo
sich der Faun mit der Riesenhand auf Koh=
len wälzte; und dort solltest du nicht mehr
sehn, fuhr sie fort, und zeigte nach dem
Spizgipfel einer Felsensäule, die sich abwech=
selnd im Wolkenkranz verlohr, und im Son=
nengold glänzte. Rohe Barbarei glüht in
dieser Hölle Augen aus, in jenem Schein=
himmel fächelt die Barbarei der Verfeine=
rung Blinde —

Und hier — hier wohnt schlichte Men=
schenbildung bei'm Unschuldssinn! rief ich
entzükt.

Der Patriarch sah mich väterlich=weh=
müthig an. — wohnte — sagte er mit hol=
der Würde — wohnte. Dann legt' er die
Hand auf meine Brust, der Berg versank
mit

mit dem Traume, aber die Patriarchenstunde lebt in der von Patriarchenhand berührten Brust ewig mit mir.

7.

Metabus.

Der Himmel, gebe sein Heil dazu —! die Erde fordert mich wahrlich auf!

Du gähnst! Dein Unternehmungsgeist macht Feierstunde bis Morgen, wie ich sehe — Guten Muth möcht' ich —. gute Nacht mus ich dir wünschen. Gute Nacht denn!

Wehe dem Spötter des Verlegnen! — Kannst du es dem Freunde sein?

Wehe dem Verlegnen, welcher dem Spötter das Lachen aufdrängt.

Ich gieng — mein unentschloßner Freund schlummerte in den Wehen des Entschlusses ein.

Am andern Morgen kehrt' ich zurük, die Last der bangen Ueberlegung von neuem mit ihm zu tragen, und wo möglich dem eiskalten Fatum einen Vorsaz in den schwankenden

Bu-

Busen hinab zu entringen. Der Willens-
Pazient des verflossenen Tages war ausgegangen. Ich wartete seiner mit froher Ahndung; doch erlaubt' ich der freundlichen nicht,
mir eine zu schöne Aussicht vorzutändeln.
Ein freundliches Band um den Lebensstab
sei sie, aber nicht der Stoff zum Stab!

Da kam er zurük; die Beruhigung der
That glänzte auf seinem, von Zweifelswol-
ken befreiten Antliz; reges Leben wallte
durch frei klopfende Adern, die Brust war
entlastet — ich sah den Segen der Energie
im Schritte wie in jedem Zuge des Odems
und der Miene.

Er fiel mir um den Hals; du verliefest
mich rief er, die Angst wiegte mich ein,
bange Schauer zukten den Schlummer von
meinen unruhigen Augenliedern, kein süses
Selbstvergessen sank von den krampfhaft bewegten auf die schwer athmende Brust. Ich
wälzte mich auf Nadeln; Feen- und Götter-
gebilde jagten sich durch die stürmend-be-
stürmte Regionen der Fantasie, und ein
schwarzes Gespenst peitschte jede hilfreiche
Gestalt von meinen, nach ihr sich aufstreben-
- den

den Armen zurük? — In solchen Nächten sieht man den alten Orkus von Angesicht zu Angesicht.

Plözlich erhob sich vor meinen zagenden Bliken das unwirthbare Gestad des Amasenus — wild tobten die reissende Wellen zwischen den Felsenufern, zischend stürzten die Waldbäche von den Berggipfeln, der Schaum der Wellen prasselte empor, durch die alte Eichen heulte der Windstos, und die Wolken fuhren tief über die Klippenrüken. Der Priverner Fürst, Metabus floh, ich sah es, er floh bang in die Einöde; keuchend drang er durch Dornen und über Kieseln vorwärts, fühlte nicht das fliesende Blut, sah nur auf die Bahn der Rettung vor ihm, nicht mehr auf die verlassne der Gefahr zurük. Hinter ihm rauschte der Aufruhr; ein empörtes Volk hieng an den Fersen des fliehenden Gewalthabers, und lechzte nach Rache wie nach Rettung er. An die starke Brust, die unter der süsen Last bekümmert ächzte, schmiegte sich die einzige Tochter Kamilla; ein reizendes Kind, der holdesten Blüthe Rosenknospe. Die zarten Hände umfaßten den nervigen

Hals

Hals und den schwarz-krausen Bart des
Vaters; der bräuenden Gefahr unbewußt
tändelte sie mit leisem Spiel und schuldlos
sanftem Ton, rief dem verrätherischen Wiederhall, und lökte den nacheilenden Feind.

Wie der flüchtige Hauch der Luft eilte
Metabus die Klippen hinab; da stürzten ihm
die Fluthen des Amasenus entgegen. Ver-
zweiflung entsprühte dem rollenden Auge,
Fluch auf sein Schiksal quoll aus der heissen
Brust. Grose Götter! rief er, wie endet's!
Mächte des Tartarus! knirscht' er — es hat
geendet. — Verderben umringt mich.

Die Fäuste ballten sich grimmig am Loken sträubenden Haupt — ein Moment, ein
innerer Blitz, das Gemüth besiegte die Wuth,
auf der Glut der Verzweiflung keimte die
That.

Er riß das duftende Gras aus dem
Schoos mütterlicher Erde, hüllte das zarte
blühe
band die liebliche Last an seinen Wurfspies,
deinem Dienste sei sie heilig, Diana! Schüz-
zerin! so rief er, und der riesenkräftige
Arm schleuderte den geborgnen Schaz über

ko-

kochende Waſſer in den ſanft empfangenden
Schoos mütterlicher Erde jenſeits. Er ſelbſt
sprang vom Felſenriff in die Wirbel, ſchwamm
ein Held durch die gehorchende Gährung, und
trug im Triumf Tochter und Leben davon.

Beſtürzt und ohnmächtig tobend ſahen
die Priverner nach Wagſtük und Rettung
hin. — Wie aus dem Geſicht der Gegen=
wart ſtarrte ich auf — der Morgen glänzte
auf mein Lager, der Tag des Entſchluſſes
blizte aus Metabus Augen auf mich — in
meiner Seele erhob ſich die Thatkraft, auf
meiner Wange brannte die Schaam der zu

Und freie Freude lebt in deiner Bruſt!
und krönt mit innerm Lohn die Kraft!
Mein wurde der Erfolg, mein bleibt
Entſchloſſenheit!

8.

Der Genius = Zögling.

Das also iſt die ſtille Kammer von Dionis
Petau? Hier ſteigt ſein Geiſt — — —

Von

Von der Erde zum Himmel. Jener vergessend, lebt er ihrem Wol an diesem.

So vergißt er nur sich. — Edle Gedächtnislosigkeit des wahren Genius!

Sprich nicht zu laut —

Kann man den hehren Denker stöhren?

Bekümmern kann man ihn durch — —

— —

Erdentöne?

Durch die Erdigen — durch Lobsprüche.

Daran erkenne ich —

Daran erkennst du den Schüler des einfach-frommen Dukäus.

Den Geniuszögling!

Die Gestalt neben mir zerfloß in Schatten. Sonderbar! ich hatte sie nicht enträthseln können, so nah wir uns auch waren, so verständlich wir Worte wechselten, und doch befremdete es mich nicht, daß diese Gestalt nicht — wie Erscheinungen sonst gerne thun — in Licht zerfloß.

Ich blieb in leiser Feier des still bewegten Geistes an der merkwürdigen Stätte. Was neben mir vorgegangen, bedachte ich nicht mehr dem gegenüber, was sich vor mir verbarg. Plöz-

Plözlich wallte ein feierlicher Zug daher.
Müssen die Feierlichkeiten der Menschen denn
immer das Heiligthum der Einsamkeit in lauter Glorienwuth zertreten! rief ich unwillig
und zog mich in den dunkelsten Winkel des
klösterlich düstern Ganges zurük.

Ein buntes Gemisch weltlich = geistlich
und höfisch = mönchischer Gestalten wimmelte
vor dem ernsten Spanier her, der, einen
langen Rosenkranz am Arm, in der Hand
einen grosen Brief zwischen Büklingen emporragend, zu der schnell offnen und wieder
geschlossnen Pforte der Musenkapelle eintrat.
Ehrfurchtsvolle Stille herrschte von aussen,
von innen schien eine lange Rede den Buch-
Einsiedler mit Perioden zu umschlingen, die,
so verriethen es einzeln herausschlüpfende
Worte — zu Willensfesseln bestimmt waren.

Der Redner hatte die goldne Kette der
Schmeichelei aufgewikelt; wenig bescheidne
Töne kurzer Antwort liesen dem Ohr an der
Pforte unentschieden, ob der Angeredete um-
wikelt sei, oder das glänzende Gerassel zu-
rükschiebe. Bald erhoben sich die Stimmen
auf den Flügeln der Erörterung.

Mein

Mein Herr und König, seufzt nach dir, ehrwürdiger Mann —

Ich ehre ihn, er laſſe mich.

Beide Kaſtilien fordern laut dein Geſtirn an dem Horizont des kaiſerlichen Kollegs.

Die Kunde der Himmelsgeſtirne hält mich in der engen Zelle feſt.

Der erhabne Verfaſſer der Uranologie.

— — —

Der ſchlichte Erdenwaller — —

Glänze an Fillipps Seite — —

Lebt im Angeſicht der ewigen Schöpfung.

Dem kurzen Geſpräch folgte ein überirdiſches Getön. Der bunte Haufen vor mir zitterte ergriffen, in meiner wallenden Bruſt hob ſich unwillkührlicher Vor-Jubel — die Thüre ſprang donnernd aus ihren Angeln, der Geſandte ſtürzte heraus, in Himmelsglorie ſchwebte auf der Schwelle Urania, den Stern-Bahnen meſſenden Blik am Himmel, die Gemeinheit bannende Hand nach dem fliehenden Redner richtend. In wildem Tumult drang die Schaar des Feierzugs, wie empörte Wellen durch das dämmernde Flusbett, den düſtern Gang hin, die

hehre

hehre Schrekken hehrer Welt peitschten sie
die Treppen abwärts, heilige Ruhe kehrte
zu der Zelle des Denkers, in welche Urania's Rosenschimmer zurükschwand.

Dank euch! ihr heilige Himmelsaugen!
dacht' und fühlt' ich — dank dir Urania!
Sternenreich übertrift dein Himmel an Au-
genfülle den Wächter der Jo; an Merkuren,
welche diesen hohen Argus einschläfern möchten, gebricht es nicht — aber er, er wacht,
selbst wenn keiner seiner Blikstrahlen durch
den Wolkenschleier zu dringen scheint.

Neue Schritte störten das Selbstge-
spräch. Einige bedachtsame Männer mit
Glutaugen, Zizerosfalten und Quiritennasen
giengen bei mir vorüber. Die Thüre des
stillen Denkers öffnete sich den sacht' ein-
tretenden Unterhändlern! Grus und ernste
Unterredung begannen.

Urban verlangt dich, sprach der erste.

Den geweihten Sänger heiliger Lieder,
fuhr der andere fort.

Auf der alten Roma klassischem Doppel-
boden soll der hochgeehrte Erneurer der
Psalmen wandeln, beschloß der dritte.

Ich

Ich was die Zeit, versezte der nicht —
sizilische Dionis: der Vater der Gläubigen
lasse mich ihr, wir sind uns alles.

Dein sei, was sie aus dem Schoos
des Daseins herrliches gebahr.

Dich begleite der neue Glanz — welchen du ihr gewährst.

Der erhabne Königspurpur der Kirche
umhülle dich mit Herrlichkeit.

Das Mark der Zeit gehört dem For-
scher; ihr Glanz verschwindet. — jeder Purpur verbleicht ihm.

Du hast genug errungen. —

Reich ist die bewundernde Welt durch
dich —

Laß' den nacheifernden Zöglingen Lor-
berblätter; die Kronen sind bereits dein un-
verlierbar Eigenthum.

O! was Jahrhunderte bedeken, sprach
Petau (und ich hörte dem Ton der Stimme
sein begleitendes Lächeln ab) mögen wir
mühsam errathen, doch entdekt ist's darum nicht immer.

Schauer rieselten durch mein Gebein,
von Schauern umfaßt sah ich die Fremblinge

Morfeus.   4   aus

aus der Thüre treten. — Ihr starres Aug
drehte sich gewaltsam abwärts, ihre bebenden Kniee wankten im Krampf. fruchtloser
Eile — Saturn schwang die mächtigen Flügel und die zischende Sense. auf der Schwelle
— sie flohen — Ja! diesesmal erschien er
einen Titanen im höchsten Sinn' erlösend.

Ich heftete den ernsten Blik auf die
wieder verschlossene Thüre des stillen Heiligthums — daß euch der Schöpfer der Uranologie und der Zeitenrechnung entgieng, mag
euch das wundern?

So sprach ich — die räthselhafte Gestalt, welche mich anfangs begleitet, floß
wieder aus dem Dunkel hervor, welches sie
aufgenommen hatte, zeigte triumfirend nach
der Weihpforte und flüsterte: doch wiederruft
er sein neuntes Buch — wir wollens.—
Die Weihpforte donnerte, erhaben schritt der
Denker über die Schwelle, was Königsruf und
Priesterpurpur nicht vermochten, bewirkte
mächtig die Liebe der Geistesfreiheit — des
stillen Heiligthums Verlassen, den Fluch des
Scheidens von abwürdigenden Mauern.

Und

Und die Dunkelgestalt beugte sich tief vor ihm, eine Schaar schwarzer Räthsel wurde hinter ihm sichtbar, wie Grauwölkchen im Nebelmeer — zum Boden beugten sich alle bittend. Frei bleibe dein erhobner Naken, lispelten sie. — Sein Aug maß sie, wie die Jahrhunderte: „Der Hohe," sagt' er wortlos, „er beugte sich nie, und beugt sich nimmer." — Gebietend und frei kehrte er in den Schooß des stillen Heiligthums.

O Genius-Zögling! auf Fittichen gehst du. — dein Blik ist dein Bliz — dein Reich die Welt! — Die schwarze Räthsel zerflossen bei meinen Worten im Schatten.

9.

Heldenwiege.

Am Flüchtlingsbette des nordischen Alexanders wachte ich; er schlief ruhig unter wankenden Bundesgenossen, der siegenden Feinde, nicht denkend. Unter seinem Hauptkissen sah der Rand eines Buchs hervor — ich nahm es: es war Quintus Kurzius.

4 *   Der

Der heroische Schläfer schien zu fühlen,
daß die Fantasie= Unterlage seines harten
Pfühls ermangle. Rasch wachte er auf, als
gält' es die Schlacht bei Narva, und sah
auf mich aus Feueraugen, als sei ich August.
Wer nimmt mir meinen Alexander? rief er
wild.

Noch eh' ich dem siedenden Degenknopf
auch nur den flüchtigsten Ueberblik von dem
Labirinth gelehrter Meinungen über seinen
historischen Lieblingsdichter zu geben ver=
mochte, rollten seine Feueraugen von mir
weg, nur leises Geräusch hatte sie abgelenkt,
Freude und Freundlichkeit (Rosen im Feuer=
werk) brannten darinn, als säh' er das
Schooskind seines kriegerischen Eigensinns,
den werthen Stanislaus.

Der Sieger beim Issus trat vor den
Besiegten bei Pultava. Du bist es! rief
Karl, und Alexander versezte: Dir wollt' ich
mich zeigen.

Willkommen dem Bewunderer, dem Freun=
de, dem Schüler.

Filipps Sohn blikte ernst auf den Ent=
zükten.

Deine

Deine Hand, Gewaltiger in Waffenmacht!
Alexander lächelte.

Du versagst! rief brausend befremdet
Schwedens fahrender Ritter.

Sieh auf meinen Begleiter, erwiederte
der Herkules Mazedoniens.

Karls Augen folgten der Aufforderung
wie meine. Bewunderndes Staunen hatte
uns für alles ausser der grosen Erscheinung
im kleinen Räume blind gemacht.

Laßt die Bewunderung, rief die Geister-
stimme, und nehmt Wahrheit.

Er zeigte auf den edlen Schatten, der
neben ihm schwebte. Der hohe Tod für's
Vaterland strahlte auf dieser Halbgotts-Stir-
ne, diese verklärten Züge gehörten dem Helden des Gemeinwols, die Seligkeit der Hin-
gebung für's Grose und Gute verschmolz in
dieser Brust mit der Seligkeit des eignen
innern Himmels.

Das ist der ächte Kurzius, sprach Alexander — er dichtete die Helden-Glorien
nicht, er schuf sie um's eigne Haupt. Markus Kurzius ist es, rief er begeistert, der
erhabne, der sechs und dreissig Jahre vor
mei-

meiner Geburt das jugendlich blühende Leben
für's Heil der Mitbürger im Pest-Abgrund
begrub!

Hehrer Schatten! an meine Brust! —

Markus entwich stumm und stolz den
vergeblich umfassenden Armen des osmanni-
nischen Gasts.

Du fliehst mich — ?

Der Römergeist ruhte mit düsterm Blik'
auf der Miene des beleidigten, dann zeigte
er nach der Bürgerkrone auf seinem Haupt.

Ich verstehe dich! rief Karl schmerzlich
— o. ich verstehe dich, Schatten des höchsten
Beispiels und des marterndsten Vorwurfs!
— Und dein Kurzius? fragte er sich nach
dem Mazedonier wendend.

Nur der deinige noch.

Wie! du verleugnest —

Ich verschmähe ihn, seit ich das Jenseits und diesen kenne. —

Markus blikte theilnehmend auf den
weisen Helden,

Laß mich ihn — — Karl vollendete nicht.
Sehn? —

Du erräthst.

Es

Es sei!

Alexander winkte dem Nachtdunkel im Gemache — Ein kleines trübes Flämmchen entschlüpfte dem Winkel, kroch zu den Füßen der Helden, und erlosch.

Das —! — Er —!

Er! — Und jeder, der sich zum Priester der Wahrheit für die Nachwelt weihend, nicht den Muth hat, das Opfer der Mitwelt zu werden, wenn es das Heiligthum fordert.

Ich warf das Buch des Kopfkissens an Boden. Es traf die Stelle, wo die Flamme verloschen — blau loderte die faßende schnell empor, in wenig Sekunden waren die Lobblätter sterbende Glimmasche.

Karl brütete stumm über dem Anblik des zerstörten Lieblings: dann traf sein Aug das Kästchen unter dem Arm des Perser-Besiegers. Alexander nahm Trauer und stille Frage wahr.

Vergiß, sprach er, was die Vernichtung verdiente.

Einer der wenigen Seufzer, aus der Felsenbrust des Nordlöwen unterbrach den erlauchten Griechen.   Denk'

Denk' kräftig besonnenen Strebens für
erhabnen Zwek! als der Heldenwiege —
sprach er

Blutend und gegen ihn zeugend trat sein
Leben vor das Nachtlager des erschütterten
Waffenträgers.

Und nimm — mein Hauptkissen!

Das Kästchen blieb in Karls starren
Händen, die Schatten schwebten langsam
dahin:

Homer! rief der Oeffnende; ich ahndete es!

Der Genius — flüsterte Alexander scheidend — wekt, geleitet und singt — den Heroen; die Bürgerkrone strahlte von Kurzius-
Haupt, und mein Herz pochte höher an der
Heldenwiege.

10.
Der Lezte.

Du versprachst mir etwas himmlisches zu
zeigen — so tief steigt man zu solchem
Ziele nicht. Hätte ich deinem Lichtgewand

ver=

vergeblich vertraut? der Strahl deines Auges,
der Azur deiner Fittiche gewannen dir meinen Schritt: aber hier stokt dieser, mein
Wille hebt sich meiner Sehnsucht nach — ich
mus von dir scheiden.

Verklärtes Lächeln schwamm über die
Miene meines Führers, der Gestalt und
Stimme vom Engel hatte. Nur der Strahl
in seinem Auge sprach leise Saitentöne, die
aus seinem hehren Vaterland zu kommen
schienen, webten holden Laut in das schöne
Spiel der Himmelsgebehrden, ich gieng nicht
vorwärts, aber mich von ihm zu trennen,
blieb mir unmöglich. Mein unruhiges Aug
hieng an seinem festen, der Schimmer des
Lichts umgab ihn, in ihm lag der Sonnen-
punkt, der mich ergriff.

Er winkte, und schwebte voran. Immer höher quollen die Töne an mein Herz,
immer mächtiger umfaßten sie mit süfer Gewalt mein Innerstes. Unwiderstehlicher Zauber zog mich dem räthselhaft=holden Wesen
nach. Er verlies die lezte Stufe, und stand
vor kalter, dichter Felsenwand. Der Lezte!
flüsterte er in melodischen Tönen; der Lezte!
flüster-

flüsterte er noch einmal und etwas lauter. Es waren seine ersten Worte, die ich jezt vernahm; aber sie öffneten eine Fülle in der Brust, die sich reich und beengt zugleich fühlte.

Der glänzend-trozige Marmor schmolz vor dem Wollaut. Er war verschwunden, eine lieblich dämmernde Grotte that sich vor uns auf, es war ein Blik nach Elisium — doch schon der zweite Blik lies das Dasein der Oberwelt verrathen.

Der Engel lächelte noch, aber wehmüthig; sinkend winkte mir die mild glänzende Hand, in heiligen Schauern folgt' ich dem voraus schwebenden nach dem Schoos des Heiligthums.

Ein still erhaben Denkmal ruhte in Mitte der Grotte: nur einfach war seine Farbe, aber ewiger Granit sein Stoff; nur einfach die Form seiner Urne, aber die Urne kolossalisch; ohne Inschrift sein feierlicher Ausdruck, aber des Heroen Shakespears Zauberstab und die Leier des hohen Pindar lehnten an ihm. Auf der mittlern Stuffe der drei, welche zu der Urne hinanführten, sas

ein

ein leuchtender Genius, vom Doppelreiz himmlischer Schönheit und jugendlicher Fülle umgeben, in leiser, mächtiger Trauer aufgelößt; der lockige Engelskopf ruhte verborgen in bedekenden Händen, und die stüzenden Arme zitterten auf bebenden Knien.

Ahndung schauerte wehmüthig-süs vom Herzen zum Sinn auf; mein Aug füllte eine Thräne, die Wange glühte, die Hand erhob, die Lippen bewegten sich.

Der Lezte! flüsterte mein Führer noch lauter, als das zweitemal, indem sein bedeutender Wink die Worte von meinen sich sä;!iesenden Lippen drängte.

Ich faßte mich, und sah — zwei genienhafte Gestalten wurden an den Winkeln des Denkmals sichtbarer. Lagen sie, knieten oder krochen sie? ich konnt' es nicht unterscheiden, ein dichter wiewol verfeinerter Nebel verhüllte mir den erklärenden Aufschluß; ich sah nur die, mit Aetherschmelz begabte Brust, den Lokenkopf, die runden Arme. Die Züge verschwanden unter zwei ungeheuren Larven, welche, obgleich von den Knabenarmen gehoben, noch ein zu ernstes, drükendes Spiel

für

für die kleine Kraft schienen. Ich sah befremdet, was ich — die Gebehrdensprache der
ätherischen Prätendenten verräth es — mit
Erstaunen erblicken sollte.

Die Larve zur Rechten spräch trauernde
Bewunderung, begeisterten Nachschwung die
zur Linken: aber kalt blieb der bewundernde
Ausdruk, dem Farbengesicht fehlte die innige
Thräne der Trauer, matt sanken die mühsam
emporhaltenden Hände! immer tiefer zum
kalten Boden senkte sich die Fabel des Nach-
schwungs, die glatten Züge der Begeistrung
blieben funkenlos, schon begann die kleine
Stirn der Wirklichkeit aus der verbergenden
Hülle der Umdichtung hervorzusteigen.

Da richtete sich ein Glutpaar olimpischer
Augen mit dem hehren Antliz des Genius in
der Mitte empor; in stiller Glorie wechselte
es von der bewundernden auf die begeisterte
Form, in schneller Auflösung vergiengen pla-
stischer Nebel und unächter Aetherschmelz,
die genienhafte Gestalten ächzten kindisch vor
der untersten Stuffe, das ernste Spiel erlag
der Kraft des Ernstes.

Der

Der Engel umfaßte die Urne, zu welcher der trauernde Genius aufschwebte; das Denkmal der Ewigkeit erhob sich mit den strahlend Ruhenden himmelwärts, Grotte und Dämmerung waren dahin, meine Blike folgten heis dem Sterngewordnen Lichtpunkt, und aus der bewegten Brust drängte sich schmerzlich: der Lezte! das ich, erwachend, selbst noch von den eignen Lippen betroffen hinweglauschte.

II.

Blinde Saat.

———

Mein liebster, bester Freund — — Ich wäre außer mir, wäre die Sache wichtiger; aber da es nur Gelehrsamkeit betrifft, so beruhigt mich der Glaube, Sie werden's nicht übel nehmen. —

Der alte Mann sah den Sprecher an, schüttelte sich, und knöpfte langsam den Rok zu.

Sie schweigen?

Wären Sie im Ernst böse — mir, Ihrem devoten Diener böse?

Der

Der Alte schwieg scharf blikend, und wikelte sich in seinen Mantel.

Wollen Sie mich denn auf's Aeusserste treiben? schrie die Erzellenz spizlaut, indem sie sich in die Haare fuhr, und — das Puder ausklopfte, welches sie nun nimbusartig um-schwebte.

Aber der Alte blikte stumm in die wa-kelnde Augen des Andern, als suche er. — die oder eine? — Seele, schlug den Man-tel noch dichter übereinander, biß die Zähne zusammen, und sezte den Scheideschritt vor-wärts.

Sie zwingen mich zur Unbescheidenheit, ich mus Ihnen meine Verdienste vorzählen, ein Geschäft, das ich sonst lediglich den Zei-tungen und meinen Verdauungsstunden über-lasse — hab' ich nicht sechs Klöster aufgeho-ben, drei Schuldirekzionen eingerichtet, drei-sig Gelehrte an- und eingestellt, vier und vier-zig Dedikazionen genehmigt, und fünf Zen-suredikte — beinah selbst gemacht? bin ich nicht ein halber Mäzen, und ein ganzer — Münchhausen?

Der

Der Mantel fiel, und spöttisch stand der
edle Greis dem zitternden Halb-Mäzen gegenüber. Es war der Schöpfer der Geor-
gia-Augusta selbst, der Säkular-Wohlthäter.

Blind war deine Saat, sagte der Ehrwürdige. Fleuch von hinnen, angst-gefessel-
ter, dumpf-glordurstiger Eitelkeitsknecht!

Dichte Wolken umhüllten die Gruppe
des zürnenden Himmelsbewohners, und des
einsinkenden Erdenpedellen. Ich forschte und
spähte — vergeblich: Rauch gaukelte vor meinen Blifen, dem Neugierigen qualmte grauer
Dampf entgegen, die Schöpfung verschwand

Warum mir Rauch? rief ich. — mir, der
den Feuerdienst liebt! Warum hassen diesen
so viele Menschen? Ach! weil sie die Sim-
bole auf Kosten der Sachen beachten — sonst
hätten sie nimmer die harmlose Gebern mis-
verstanden, und nie dem Feuer Menschen-
und Meinungsopfer gebracht!

Ein milder Strahl der Sonne brach
durch die dunkle Wolken, sie flohen: heiter
lächelte der Himmel auf die Flur, erquifen-
der Thau beleuchtete im Tropffeuer die Blätter

ter = und Blüthenwelt, die Lerchen psalmo=
dirten am hohen Azur=Gewölb', und aus der
Buschnacht quoll Nachtigallen=Gesang.

Ich trug das Entzüken meiner Blike
auf die reiche Mutterquellen der Natur.
Im Rosenschimmer des jungen Lichtes duf=
tete ein Gartenähnlich Feld — leise gieng
an der Hand blühender Genien ein Greis
darüber hin; Apolls=Leier im Arm, holde
Worte auf den Lippen, aus der Rechten
sanken die Körner der Saat nach dem dun=
kelnden Erdreich, Blumen sproßten auf sei=
nen Fußtapfen; heiteres Leben umgab ihn
lächelnd, dankbar, lauschend, froh.

Ahndend rief ich: ich kenne dich, und
sah dich dennoch nie.

Auch ich sehe dich nicht, antwortete die
sanfte Stimme des anspruchlos säenden Sän=
gers dem verstandnen Ruf der Liebe: aber
dem innern Aug leuchtet das Höhere.

Die Saat des Blinden! rief ich wieder
— Heil ihr! stimmte der Genienkor ein. —

Eine einzelne silberne Psichenstimme flü=
sterte mit unsäglichem Wollaute: — Pfeffel!

ſ

12. Dia=

12.

Diamanthirn.

Groll' ihnen nicht! sprach die Stimme aus den Wolken gutmüthig genug.

Nein! versezte ich, denn sie wissen nicht was sie thun. Aber daß sie mich ärgern, das kann ich nicht immer verhüten. Unsere gute Filosofie hat aber gar oft ein Schiksal mit den Wolken.

Denke ihrer steinernen Freude —
An Steinen!

Und lasse sie — Mir aber folge nun — ich lade dich an etwas Interessantem.

Ich gieng — aus den Wolken wurde eine wandernde Säule, und in der Säule sprach es: Du warst der einzige unter so vielen, welcher nicht den Thorenwunsch theilte, die Wiege der Diamanten zu kennen — du sollst allein sie sehn — halt' ich der erregten Erwartung mein Wort?

O liebe Wolke, versezt' ich, wenn das etwa zukerbrodne Belohnung meiner Nüchternheit sein soll, so —

Allerdings.

So verschone mich damit, und lasse mich lieber — —

Du wollteſt — — —

Laſſe mich lieber ein intereſſanteres Kinderzimmer im groſen Filanthropin der Natur ſehn — jenes der Seele oder — der Seelenſeele, der Idee.

Du wollteſt Orakeln gebieten, wo dir nur Verliehenes zu empfangen ziemt? heute bleibt's bei den Diamanten.

Was iſt mit Orakeln zu machen? Was mit Menſchen auch — Geduld zu haben — Ich gieng in Gedanken, die Wolkenſtimme ſchwieg — vermuthlich noch etwas ergrimmt — und wir kämen immer nicht an. Ob wir Meilen oder Meilen = Millionen zurüklegten, das weiß ich nicht, weil der gütige Morfeus weder Meilenzeiger noch Poſtſtationen, obwol treffliche Wege- und Flügelreiſen in ſeinem Gebiete kennt.

Du biſt an Ort und Stelle, ſprach die nun elektriſch glänzende Wolke.

Sind wir in der Nachbarſchaft von Arioſts Kabinetskeller mit Geiſtesflaſchen, oder in dem Vorzimmer irgend einer franiö-

ſko-

skopischen Anstalt? Hilf Himmel! nichts als Hirn umgiebt mich!

Und in dem Hirn —

Wohin rett' ich mich vor auf mich eindringenden Gedanken?

Bleibe ruhig — die absolute Leere herrscht hier.

Titularhirn?

So ist's.

Auch jenseits?

Noch sind wir diesseits. Aber in diesem stillen Laboratorium verwahrt die hausmütterliche Natur, welcher bekanntlich nichts verloren gehn darf, alle Hirne, die einst im Leben ihres Inhabers nichts inne hatten, sondern quieszirten. Alle Nichtsdenker, Kleinigkeitskrämer, und Fliegenhascher müssen, vom Lebenstraum scheidend, hier die im Müssiggang eingeschrumpfte Masse niederlegen, und hier —

Hm! ich errathe —

Du willst deine Membräne aus der gefährlichen Gesellschaft retten, und sogar im Mittelpunkt der Hirnstille — denken. Nun! laß hören —

5 *   Hier

Hier erhärtet das verhärtende vollends zum Diamanten.

Am Nachstrahl des Naturgeists zum gleisenden Aussenglanz über innerer Dumpfheit.

Dann streuen wol die Gnomen diese kernlosen Kopfkerne in den Gebirgsschoos — ?

Und Simpathie führt sie der Liebhaberei ihrer Nachwandler in der Verhärtung zu.

Aber —

Ich errathe auch dich — Auch ächte und Kernköpfe tragen, doch lieben diese Petrefakte so wenig als im Leben die Vorbesitzer derselben, die sie auch tragen, indem ihnen davor ekelt. Gute Nacht!

Gute Nacht, liebe Wolke! sagt' ich halb erwachend, und wieder entschlummernd flüsterte ich meinem Kissen zu: Was man doch nicht von Wolken hören kann, wenn man sich mit ihnen einläßt! — Wieder voll träumend beschloß ich aus der Arzneikunst zu promoviren, und eine Inaugural - Dissertazion: Von einer neu entdekten richtigen Ursache bisher unerklärbarer Kopfschmerzen zu schreiben.

13. Die

13.

Die vier Bergspizen.

Der Mond wollte eben hinter das Gebirg sinken; schon glühte gegenüber das Meer in Morgenrothswellen, auf der Ebne war grosses Treiben und Drängen, Dämmergestalten rollten und trollten, irrten und schwirrten durcheinander, dumpfes Gesause wechselte mit spizem Zischen, krächzendes Aechzen mit rumpelndem Murren — der Schmetterling, welcher als Kurier unserm Drachenwagen vorflatterte, schwebte ängstlich zurük und flüsterte: Wir können nicht durch — das alles steigt zu den Lüften auf.

Steigt höher! rief ich den Drachen zu.

Da schoß von oben herab ein schwarzer Heros, Apolls Bildniß in — Ebenholz, auf einem Basilisken reitend, neben mir hin. Zum Glük waren dem Unthier die tödtliche Augen verbunden; dagegen jene des Mohren-Föbus weit — weit offen und sprühend.

Zurük! rief er — der Himmel will nichts von euch wissen! damit war er fort. Miner-va's

va's Oberſtallmeiſter hat uns vorgeſpannt —
ihr ſeid von der guten Art, wenn ſchon Drachen, ſagt' ich zu unſern Flügelroſſen mit
Schlangenleibern. Wir vertrauten und vertrauen euch — aber nun macht euch ſelbſt
Ehre und ſchwebt! ſchwebt! ſchwebt! mags
da unten ziſchen, wie's wolle!

Unſere Drachen fühlten ſich wahrſchein-
lich vom Ehrgeiz begeiſtert; das volle Vertrauen that ihnen wol, ſie wurden Helden,
weil Heldenthat von ihnen erwartet wurde,
und trugen uns bald ſo hoch, ſo hoch, als
wären wir Robertſons Luftgefährten. Der
Lärm der Unterwelt war verſchwunden, reine
Heiterluft umwehte uns leiſe, des goldnen
Tages lauterſter Goldſtrahl umfloß uns.

Da ſank der Lichtbruder des Baſilis-
ken-Mohren auf Purpurwölkchen von noch
unendlichern Höhen, und ſprach ſanft: Genug — — ſo lange ihr dieſer hier be-
dürfet. —

Er zeigte auf die Drachen, und lenkte
ſie erdwärts. Auf der Strahlenſpize des
Kaukaſus ſenkten wir uns nieder — wir
blikten in ein Eden — hier war die Wiege
des

des sausenden, zischenden, ächzenden, murren=
den Gewimmels, sagte der Gott.

Aus solchem Götterschoose solche Brut!
rief die Doppelstimme.

Er lenkte mild lächelnd die Drachen
weiter. Auf der Strahlenspize des Parnas=
sus sank der Wagen zum zweitenmal nieder
— wir sahen Gräziens Himmelsfluren: Hier
war der Jugendtempel des sausenden, zischen=
den, ächzenden, murrenden Gewimmels, sprach
der Gott.

Und unsere Doppelstimme rief: Dem
Wonnetempel entfloh die — dumpfe Schaar!

Abermals lächelnd lenkte er die segelnde
Drachen weiter. Zum drittenmale sanken
wir bei der qualmenden Feuerspize des Ve=
suv. — Roms Waffen erklangen zu uns im son=
derbaren Gemisch verschiedner Welten. Hier,
sprach mein Führer — hier die Werkstätte
des Sausens, Zischens, Aechzens und Mur=
rens! —

Ziklopen mochten sie werden und blei=
ben! rief die Doppelstimme schmerzlich.

Aber im Nu strebte unter der hohen
Götterhand der mächtige Drachenflug auf=
                                    wärts;

wärts; der Nachtgott auf dem Basilisken
grinzte vorüber, schaute heulend den Lichtbruder, und stürzte in den Abgrund, wo ihn
der von seiner Binde gelößte Basilisk in den
Tod blikte: wir schwebten auf der Strahlenspize des Montblank. Europens Fülle lag
unter uns, ein wogendes Meer des Wer-
dens und Bildens, schaffende Strahlen, die
reiche Gährung ordnend —

   Hier! rief die Lichtgestalt — hier werde
der Siz des Reifen, was die Wiege am
Kaukasus dem Sprossenden war!

   Zwei Adler trugen uns, Wagen und
Drachen verschwanden, wir liefen die Berge
um die Sonne.

14.
Die Bothen.

***

Ein Mann mit einem Lorber bekränzten De-
gen gieng vorüber nach einem verschlossenen
Zelte, das so lange schon meine Aufmerksam-
keit reizte. Auch dem Traume hängt sich die
Neugier in den luftigen Arm.

   Wem bringst du — ? fragt' ich.

                    Das

Das Ehrenzeichen? dem wakern jungen Helden Ehrenfried Tschirnhausen. — Er gieng.

Es kamen Träger mit Kisten und Kasten; Seltenheiten waren gewis darinn verwahrt, ihr Name prangte von aussen, die Miene der Tragenden war einfach und redlich.

Was habt ihr? fragt' ich.

Die Ausbeute von Ehrenfried Tschirnhausens Reisen! versezten sie und trugen Kisten und Kasten nach dem Zelte.

Ein Diplom in der Hand eilte der Fremdling ihnen nach. Meine Frage hemmte seinen ungern verzögernden Schritt.

Du bringst — —

Dank und Genossenschaft der Pariser Weisen dem Erfinder der Aezmittel, Ehrenfried Tschirnhausen.

Jubelnde Gehilfen brachten Brennspiegel und Meissens kostbare Erstlinge; sie flogen nach dem Zelte. Sein ist das Werk! riefen sie laut — Wunder schafft er in drei Werkstätten, die er auch schuf. Lass' uns dem erlauchten Ehrenfried Tschirnhausen zueilen!

Dankbare Schaaren eilten ihnen nach.

Uns hat er gebildet —

Uns

Uns aus dem Elend' zum Wissen erhoben — —

Wir reißten von ihm gestüzt —

Unsere Gedanken wurden laut durch seine Güte —

Und wir waren seine Feinde, und doch wurd' er uns Wohlthäter —

So riefen sie, und verdoppelten die Schritte nach dem geheimnisvollen Zelt.

Wer? rief ich.

Ehrenfried Tschirnhausen! antwortete der laute Kor des Jubels —

Er! und immer Er! sprach es in mir. Und ich soll ihn nicht sehn! Ich drang der Menge nach, mit ihr ein, durch sie hindurch —

Vor mir stand der einfache Mann aus Kislingswalde; sein Geist gehörte den Dingen um ihn her, sein Herz den Menschen, nur wenig klaren Lebensregeln das Gemüth, und Dinge, Menschen und Regeln der eignen schaffenden Kraft, das sah man. Er war von allen bringenden Bothen umringt; einige erwartende standen unter der Zahl; aber die bringende brachten nur — Dank, die erwartende harrten nur — des Mannes selbst.

Und

Und keine der Würden nimmst du an? fragten mehrere der lezten. Unsere Gebieter sehnen sich nach dir.

Kann ich von meiner Welt scheiden? fragte er sie sanft antwortend. Erfinden, Wissen und Helfen ist mein dreifach=reiches Leben. Laßt mich ihm!

Laß' es mich theilen! riefen hundert Stimmen in mir. Aber meine Stimme herklang, das Bild erbleichte. Anderthalb Jahrhunderte lagen zwischen uns.

15.

Entzauberung.

Wenn man mir den Preis nicht ertheilt, so verschleudert man ihn, denn ich habe schon im grauen Alterthum eine Geschichte des trojanischen Kriegs geschrieben —

Wie! Sie wären —

Ich bin der frigische Priester Dares.

So wissen Sie wol nicht, daß man Ihre Geschichte nicht krönen kann, weil sie verloren ist.

Pos-

Possen! zu Aelians Zeiten hatte man sie so wie jezt. Ich weiß das genau —

Was wir haben, ist untergeschoben.

Pedantischer Kritiker!

Doch könnten Sie, da Sie Ihr eigen Werk überlebten —

Ein unerhörter Fall für einen Schrift-steller!

Heut zu Tage kaum mehr — gar nicht mehr — Sie könnten, sag' ich, jezt selbst die Revision hochgeneigtest übernehmen, und uns ein interessantes Meisterwerk restauriren —

Wie wenn die Zeit solche Fortschritte ge-macht hat, wenn die Unsterblichkeit von den Werken auf die Verfasser übergegangen ist, so — — mag ich von Revisionen und Re-staurationen nichts hören —

Der Literator wollte seine Meinung ver-theidigen; ein neuer Beweis, wie sehr sich die Zeit änderte; sonst waren — zur guten alten — die Herrn so außerordentlich nach-giebig —

Wie hat Ihnen mein Soft gefallen? fragt' ihn die Erscheinung.

Er sah sie aus grosen Augen an.

— Und

Und wie mein Coopershill!

Was?

Ich erstaune über Ihre Unwissenheit. Wie! Sie kennen Sir John Denham nicht, ihn den Driden den Bannerherrn des guten Stils, und Pope einen Phönix nennt?

O, ja! ich kenne ihn wol — ich bewundere, liebe seine Werke.

Nun so erkennen Sie den Schöpfer derselben in mir!

Sie — Sir John Denham — Kaum waren Sie ja noch der Frigier Dares —

Mein Licht ist ausgegangen, sagte die Erscheinung, und ich werde mein Faß nicht wieder finden.

Der Kritiker empfahl sich allen guten Geistern —

Herr! rief die Erscheinung — zeigen Sie mir Menschen! Ich bin Diogenes —

Nun gar Diogenes!

Mehr zu sein ist unmöglich — Mein Licht erlosch, Sie sind Kritiker ich stecke Sie in meine Leuchte.

Der Kritiker erwehrte sich vergeblich der Zinikersfaust. Im Nu saß er, lebend und in drei-

dreifach abgekürzter Pigmäengestalt an Lich-
tesstelle, und — wirklich! er leuchtete. Diogenes tappte fort; das Licht streute dürftigen Schimmer, die angeblichen Filosofenfüse
schwankten, der Hunger lauschte hinter der
Straseneke.

Troz Zerberus bellend fuhr der dreimal
dreiköpfige hervor; das Lichtlein dehnte sich
riesenhaft, die Laterne zersprang, auf der Be-
stie sas der Kritiker, und Diogenes floh —
in einen Bekerladen.

Käuend rief er heraus: verdammt sei die
Erscheinungslust! verdammt die Geniuslarve
— und der Reuter des dreifachen Zerberus
lächelte dem Anathem, und theilte das Brod
mit dem Anathemsprecher.

16.

Helotenfreude.

Ich gieng durch Sparta's Strasen. Tiefe
Stille herrschte — in den Zügen der Helden-
weiber lag Trauer, Sehnsucht sprach leise
aus ihnen, Liebe wollte kagen, man sah es
— denn

— denn sie wohnte in weiblicher Bruſt aber
ſchnell verklärte hoher Muth den trüben Ausdruk, hohe Kraft ſtrahlte aus der verklärten
Miene, denn dieſe weibliche Bruſt gehorchte
— Sparterinnen.

Das Heer zog in's Feld, ſagte ich mir
ſelbſt; Sparta's Bürger ſchlagen den Kampf
der Freiheit, und die Thräne im Aug der
Mütter und Gattinnen verſiegt vor Werth
und Palme des Kampfs.

Lautes Getöſe erhob ſich, die Heldinnen
ſtürzten den heimkehrenden Helden entgegen;
kein überraſchtes Erſtaunen ſprach ohne Worte:
Schön! kein ſchüchterner Zweifel fragte in
Zug und Gebehrde: Siegreich? Nur ſie-
gend konnte der Sparter zurükkommen,
und nie mochte ſein ſchneller Sieg be-
fremden.

Bald hemmte ſich der flüchtige Schritt
der Frauen. Verächtlich ſahen ſie dem lauten
Haufen entgegen, dem trunknen: ſie faßten
ihre Kinder bei'm Arme, ſie traten mild-er-
haben mit ihnen an die Seite, und zeigten
auf die taumelnd Vorüberziehenden.

Seht!

Seht! flüsterten sie — so genießt daheim der Helote, während der Sparter draussen kämpft!

Ernst gieng nicht fern einer der Eforen in sich gekehrt, tief im Gemüth beschäftigt.

Und so — flüsterten die Mütter wieder — so denkt der Bewahrer der Heimath und der Geseze der draussen kämpfenden Brüder.

Die Knaben fühlten und sannen — ihr verächtlich Lächeln folgte den Heloten.

17.

Der zweite Linus.

Der Fremdling mit der bekannten Stimme und dem unbekannten Gesichte neben mir auf dem Altan in schwindelnder Höhe schrieb seine Noten mit einer Schnelligkeit, die nicht minder schwindeln machte. Schön und deutlich traten dabei die musikalischen Köpfe auf, zwischen und unter ihren fünf Rangklassen-Linien (und fragmentarischen Linien-Zugabs-Kategorien) hervor, so daß ein dritter Schwindel des Erstaunens mir nah war über die ruhige

hige Gemüthlichkeit, mit welcher der Inkognito-
Mozart zu meiner Seite die Tonschatten so
ruud, voll, schwarz und glänzend auf das
blendende Papier in dieser Sonnennähe warf.
Endlich nahm ich die Sprache gegen die drei-
fache, immer näher rükende Betäubung zu
Hilfe, und sagte, halb den Dichter im Schlafrok, halb den Strahlenhimmel über uns an-
sehend: Was für ein geschikter Mann Sie
sind, mein Herr!

Ein ernsthafter Blik fiel aus den Nach-
baraugen auf mich — dann wurde ein muth-
williger daraus, plözlich ein hoher. Der
Schlafrok schien in Griechengewand umge-
schaffen, die Stimme war nun fremd, wie
das Gesicht — Moderner Dumpfsinn! rief
sie — verschone mich mit neunzehntem Jahr-
hunderts-Tand! Ich bin — —

Grob, als wärest du nicht antik, dachte
ich, und horchte weiter —

Ich bin — Linus!

So?

Apoll's und Terpsichore's Sohn —

Ach Himmel!

Der Melodien erster Erfinder —

Morfeus. 6 Gro-

Groſer Gott!

Der Lehrer des Orfeus —

Ha!

Des Thamiras —

He!

Des Herkules —

Ho!

Tonſezer und Schriftſteller —

Hu!

Die Welt ertönte von meinen Liedern und von meinem Ruhm —

In der That! — (Ich ſah immer bedacht-ſam nach der höchſt modernen Schlafmüze, in welche die antike Geſtalt höchſt unharmo-niſch ausgieng, wie eine doriſche Säule in ein gothiſches Schaft)

Du glaubſt mir nicht, hartnäkiger Neu-Barbar — So ſieh! ſieh die Wunde, welche mir am Haupt des undankbaren Orfeus Leier tödtend ſchlug, als ich ihm das unzeitige Stakato verwies.

Entrüſtet riß er die Müze ab, das Grie-chengewand wurde wieder zum Schlafrok, Linus zu unſerm Konzertmeiſter — der drei-fache Schwindel ergriff mich, indeß unbe-

zähm-

zähmbares Lachen den vierten über meinen schwankenden Kopf sandte.

So sieh! rief der neue Linus, und höre! — Er stimmte.

Aus meinem Lachen wurde Verzweiflung, aus meinem Schwindel Entschluß. Ich stürzte mich entfliehend vom Altan in die endlose Tiefe. Sanft trugen mich flüsternde Lüfte, leise sank ich unter strahlenden Lichtern des Kunsttags nieder, der Vorhang rauschte auf, und des wahren Mozarts himmlisches Tonreich umfieng mich. Nun fühlte ich des apollinarischen Linus, des ächten Terpsichore's-sohnes mächtigen Nachhall. Ach! ihm selbst hatte schon Saturn die Todeswunde gegeben!

18.
Anti = Reise.

Steigen Sie ein, mein Lieber — ich habe Ihnen hier ein prächtiges Pläzchen aufgehoben — und ein Weltbürger behilft sich ja leicht —

So sprach Fee Deliberante, zog das schwer gestifte Obergewand an sich, unter

wel-

welchem nun im sonderbaren Kontraſt ein
ſchwarzes Unterkleid (obwol dem Geräuſch
nach von Seide) hervorblikte, und ſah mich
erwartend an. Einige Silfen mit breiten
Bandelieren und Silberblechen vor der Bruſt
hoben den halbwilligen, halbzögernden in
den Wagen, und — wir fuhren davon.

Ich dank' Ihnen, mein Freund, liſpelte
die Fee, zwar etwas ſchnarrend, doch leiſe,
und ich wünſche mir Glük, beides aus einer
Urſache. Wären Sie — — — doch Sie
fragen mich ja nicht um die eben im Allge=
meinen erwähnte Urſache —

Achtungsvoll harrte ich Ihrer Worte,
meine Gnädigſte —

Die Achtung iſt eine ſchäzbare Sache
beſonders gegen Damen, doppelt gegen uns
Feen. Indeſſen müſſen Sie wiſſen, daß
meine Hofetikette vorſchreibt, nie die Mit=
theilung der Urſachen zu erwarten, ſondern
dieſelbe durch eine ſchicklich eingeſtreute Ge=
genfrage zu veranlaſſen.

Wenn ſie aber — unnöthig wäre?

Nimmer unnöthig! nie kann eine Frage
unnöthig ſein, denn wäre auch in demſelben
Augen=

Augenblike, da sie geschieht, die Antwort
vorzusehn, so belebt sie doch die Unterredung
giebt ihr die hehre Gestalt der Berathung,
und reicht — ist es vollends eine wirkliche
Berathung — dieser die höchste Würze. Ich
verlasse mich auf Ihre künftige Folgsamkeit.

Eine leichte ehrerbietige Kopfneigung
drükte mein Jawort aus. Dann sah ich um
mich und wollte eben bemerken, daß die zwei
Herren, die mit uns im Wagen säßen, äusserst
still seien, und daß der Wagen selbst durchaus nicht geschwind von der Stelle zu gehn
scheine, als die ernste Fee den einen unserer
Reisegefährten mit der magischen Ruthe berührte. Wie Näderwerk knarrte es in seinem
allerdings respektabel diken Bauche, langsam
schlugen sich die Augenlieder auf und nieder,
die Nase senkte sich langsam dem langsam
aufsteigenden Zeigefinger entgegen, langsam
furchten sich drei Paar Falten in der hauti-
gen Stirn auf, die Lippen öffneten und
schlossen sich langsam wie das Orkusthor,
und ein heiseres Aber dehnte sich wie schwe-
rer Dampf unter Regenwolken durch die
Luft hin.

Lösen

Löſen ſie auf! widerlegen Sie ihn nun,
gebot mir Fee Deliberante.

Ich forſchte in ihren Augen nach dem
Sinn ihres Befehls; aber ich ſah nur die
Sehnſucht nach Worten in ihnen dämmern.

Wie neu Sie in meiner Welt ſind! rief
ſie abermals entrüſtet, und berührte den andern Reiſegefährten mit derſelben Zauber-
ruthe. Da klapperte die ganze drahtdünne
Geſtalt in innerlicher Bewegung und lautem
Getöſe, wie eine gebeutelte Mühle; in haſti-
gem Zittern aber nicht minder verzögertem
Erfolge klappten auf und zu, zu und auf die
Augen, in welchen die Augäpfel den Eiertanz
tanzten, auf und zu, zu und auf die Nas-
löcher, aus welchen nur Dampf doch kein
Feuer kam; kraspelten die Finger ſich ver-
und wieder entwindend, bebten die Stirnfalten in Liſſaboniſchen Erdkrämpfen, und
ziſchten Lippen und Zunge über und durch
die ſchnatternde Zähne. Endlich drängte
ſich breit und laut ein ſchneidendes Alſo in
die beklommene Atmoſfäre.

Ich war im Begriffe, meine Bemerkun-
gen — doch ehrlich und ohne Ehrgeiz geſagt!

sagt! meine einzige Bemerkung, noch war
ich zu sehr Anfänger, um mehr zu wagen —
der strengen Fee zum Saum ihres gestikten
Ober = und rabenschwarzen Untergewandes
zu legen, als der erste Reisegefährte wieder
zu knarren begann, und nach gehörig er=
schöpften Anstalten sein Aber abermals von
sich stöhnte.

Hatte dieses sein Leben vom Also er=
halten, so mußte es lezterm neue Ausforde=
rung sein: Das Klappern erhob sich in ver=
jüngter Kraft, und ein antifonisches Also
ertönte.

Freundlich lächelte die Fee; dem süßen
Wollaut hingegeben, unterbrach sie das lange
Wechselspiel nicht, und nimmer ermüdeten
die mit so leichtem Aufwand unterhaltende
Reisegefährten. Endlich richteten sich Deli=
berantens Blike auf mich, da eben die mei=
nige von den Spuren des Wagens zu ihr
zurükkehrten.

Noch immer stumm? fragte sie ungewöhn=
lich rasch, denn sie schien wirklich böse.

Ich hatte die früher bereite Bemerkung
über dem Kontrolliren unseres Wegs ver=

gessen

geſſen und ſuchte aus Höflichkeit darnach, daher ſchwieg ich jezt aus lauterem Wunſch,
ſie zu verbinden.

Wie! nahm ſie ihr eigen Wort auf —
Meine beide Unter-Zauberer, mir zu ewiger
Dienſtbarkeit vom Schikſal verliehen, und
die Seele aller meiner — (ſie gähnte) Ope
— ra — zi — o — nen —! wie! ſie be-
geiſtern dich nicht, du untergewöhnlicher
Menſch!

Ja! ein Menſch bin ich, Madam! und
möcht' es gerne bleiben —

So lerne — deliberiren.

Unſer Wagen rükt nicht von der Stelle —
Lerne — deliberiren.

Ich glaube, die Pferde ſind ausgeſpannt.

Sie lächelte verächtlich. Lerne — ſprach
ſie feierlich — lerne — deliberiren!

Wir bleiben auf der Straſſe liegen.

— deliberirend und weiſe —

Die Leute lachen unſer im Vorübergehn.

Der Deliberazionsruhm ſchwebt dieſen
Maulwürfen zu hoch — ſie verſtehn ſich nur
auf das — pfui! aktive Wühlen.

Hin-

Hinter uns brausen wilde Gespanne —
zwar sind sie noch ferne — aber sie kommen,
sie zertreten, auf jeden Fall übereilen sie
uns —

Deliberirend und — gros! — Sie lies
mit hohem Gleichmuth den Zauberer Aber
knarren, den Zauberer Also klappern und
schnarrte flüsternd dazwischen.

—Ich empfehle mich zu Gnaden! rief ich,
sprang aus dem Wagen (ohne Lebensgefahr,
denn er war nieder genug und bewegte sich
kaum) sah — o Götter! sechs Schildkröten
an der Deichsel und schwang mich in die
eben vorüberfliegende Adlerbiga des Silfen-
zauberers — Effetto.

19.

Namensvettern.

Ein hohes Schatten-Trio floß vor meinen
Bliken aus — dem Nichts hervor! Stiegen
sie aus der Erde? — Unmöglich! Auch den
Gedanken verwarf schon die hehre Gestaltung.
Kamen sie vom Himmel? Hätte auch irgend
eine

eine Fakultät der römischen Kleidung wegen
etwas gegen diesen einzuwenden, so muß
ihnen doch der Olimp bleiben! hoher Regionen, die innerer hoher Genius erstiegen,
Bewohner waren sie.

Solche Gedanken über den Freude bli-
zenden Augen — folgt' ich der erlauchten
Dreiheit — Sie redeten in der Sprache
der Welteroberer; ich dachte dankbar meiner
Märkischen Grammatik und stolz der
klassischen Heroen (der handelnden und be-
schreibenden) zu welchen sie mir Schlüssel
wurde.

Sie nahmen, im ernst-lebhaften Ge-
spräche versenkt, mich nicht wahr; und ich
haschte, als wär' ich ein filologischer Kom-
mentator, Worte und Säze, aus welchen
der Sinn des Königsvolkes, der Geist der
Römerzeiten sprach:

Plözlich standen sie vor einer Thüre still.
Siehe Markus Porzius, sprach der Mittlere
zum Gefährten rechter Hand — 'sieh doch!'
dein Amtsgehilfe wohnt hier.

Mein Blik flog dem Römerauge nach,
und las über der Thüre: Zensor. Mein
Blik

Blik stürzte zu ihm herab, um dem sehnsuchtsvollen Gemüthe Kato's Züge zuzu-
führen.

Laßt uns hineintreten, sprach der Ernste.

Sie fanden einen blassen, hagern Mann
über Papieren. Berge von Handschriften
lagen um und neben ihm aufgehäuft, durch-
strichne Blätter zitterten über zu durchstrei-
chenden, gemordete Perioden zukten unter
den noch lebenden, die einer zweiten und
dritten Revision entgegenbebten. Am heftig-
sten aber zitterte der Seelenrichter auf Erden
selbst, da er die hohe Schatten so plözlich
sich gegenüber erblikte.

Meine Herrn! rief er — den Klassikern
thue ich nichts.

Und sie nichts dir, versezte der Römer,
halb lächelnd. Schäme dich! ein Konsularis
und zittern!

Ich ein Konsularis! Behüte — Ich bin
geheimer Literaturrath! —

Und Zensor!

Ach ja!

Ach! — zu dem Gipfel der Ehrenämter,
zur edelsten Quelle des Geschlechtsstolzes?

So

So — mein gnädiger Herr? davon steht in der Instrukzion nichts.

Du hast da einen schlechten kurulischen Stuhl.

Wie sie halt auf den Kanzleien zu sein pflegen.

Und warum hältst du deine Sizung nicht auf irgend einem Marsfeld?

Dort würde ja — deine antike Erzellenz verzeihe die gehorsamste Bemerkung — der Wind alle meine Blätter fortjagen.

Du zählst also keine — Bürger?

O nein — nur Buchstaben — nur Buchstaben —

Musterst weder Ritter noch Senat?

Ich mustre nur den — Index.

Stoßest die Verbrecher nicht aus — ?

O ja! dies thu ich — aber nur der Ideen

So? auf die Kolonien und — Freistädte hast du also keinen Einfluß?

Doch — die fremde Literatur muß mir eben so gut still halten — auch die Ueberfezzungen.

Markus Porzius fühlte sich durch das Lachen der Begleiter, von dem vollen Lächeln

er=

ergriffen. Der Tod eines solchen Kollegen
würde für keine Vorbedeutung des Unglüks
gelten, sagte er — sie schwanden.

Ich bitte dich, mein Feldherr, sagte
Kato einige Strafen weiter — lies du nun
einmal hier —

Der große Laziumssohn sah und las:
Diktator

Auch ein Kollege,

Besuchen wir ihn! —

Sie treten ein. Zwei lang-schmale Tische vereinigten sich im Stumpfwinkel, in welchem ein Tischgen stand: auf den beiden Drei-
eks-Beinen schrieben der Reihe nach bartige
Federn, hinter welchen dazu gehörige Menschen sasen; am Tischgen thronte ein dikes
Männchen mit krauser Perüke, gällender
Stentorsstimme und bebrillten Augen, der
allein sprach. Er war der Wiederhall großer
Blätter, auf welchen sich halbe Reihen von
Riesenbuchstaben gelagert hatten.

Die Quiriten sahen sich an, niemand
achtete auf sie, denn Geister hatte man bis
jezt in diesen Hallen seit Menschengedenken
nicht gesehn.

Wo

Wo ist der Diktator? fragte Quintus Fabius Maximus.

Alle Federn stokten, noch halb in seinen Papieren rief das Männchen: — hier! — sah dann auf, sank halb ohnmächtig zurük, die Federmänner starrten.

Hältst du Komizien? fragte der Römer.

Tiefes Stillschweigen.

Oder Gericht?

Keine Stimme.

Wählst du Senatoren?

Alles blieb stumm.

Oder ordnest du einen Bustag an, weil der Prätor krank ist?

Auch nicht ein lauter Odemzug urkundete Leben.

Hä! ich merke — beschloß der Samnitensieger spöttisch — du schlägst den Nagel in die rechte Seite des Jupitertempels — Nun! die Götter mögen dir gnädig sein —

Die klassische Dreiheit gieng.

Nun? fragte Kato.

Wir heben in der Enkelehre unsers Amtes gleich auf, erwiederte Fabius.

Der

Der Boden, auf welchem Varus erlag, hat sich sonderbar geändert, meinte Minuzius. Das war der dritte Roma'sschatten.

Du erinnerst mich zur rechten Stunde, fiel Fabius ein — kehre doch einen Augenblick zurück, und frage den Diktator, wo er seinen Befehlshaber der Reiterei *) hat?

Wollt ihr mich nicht begleiten?

Ha! hier kommt er schon!

Wie!

Ein Postillon sprang vom Pferde, seine zum Depeschen-Empfang gerüstete Schaar hielt an. Die Römer lauschten —

Sind das seine Liktoren?

Aber die Prätexta ist sonderbar gestaltet.

Ich theile euer Schicksal, wie ich sehe, bekannte Minuzius.

Dike Pakete, schwere Felleisen — — nen — lächelnd schwand die Dreiheit.

*) Magister equitum. Minuzius war es.

20.

Kunstgericht.

Im Saale des kunstliebenden Joseph Smith
wandelten wir, mitten unter den holden Ge-
staltungen Franzesko Zuccarelli's, der aus
dem Schose der Natur den vollen Reiz ihrer
Fluren auf die Leinwand zaubernd, auch) Pro-
metheisch das Menschenleben in Huldform
unter jenen Reiz zu hauchen verstand, welches den Landschaftmahlern sonst gern' ent-
schlüpft.

Wir wandelten! Das schöne Vereini-
gungswort sproßte aus den wonnevollen
Umgebungen, denn wir kannten uns nicht.
Von der Magie der Kunst, wo nicht alle
gefesselt, doch alle gelokt, schwärmten wir —
zum erstenmal uns sehend und begegnend —
ein Bewundrungs = Ausschuß des hier ver-
herrlichten Menschengeschlechts! — schwärmten wir Bienen ähnlich um die holde Blüthen, schwirrend = saugend, mitunter auch
nur schwirrend. — Ob wol auch — Wespen
mit schwärmten und schnurrten.

Hier

Hier stand Brittisches Flegma, die Ta-
xen der Einfuhr überschlagend, wenn es dem
Landsiz das schöne Gemäld zur Zierde gewönne,
dort dehnte sich ein Abbate in Kenner-Jubel-
Krämpfen, der ernste Grande genoß schweigend, sprühend der feurige Rhonbewohner
mit dem Preis der Heldenthat auf der Brust;
in den Zügen jenes Professors stritten sich
Menschengenuß und teutsche Kunstkritik, der
Osmanne stand mit schönen griechischen Ahndungen im Busen, und dem Eis der Erschlaf-
fung im Antliz vor der Geniusschöpfung. Im
fernsten Winkel zeichnete ein Mann sehr ämsig; an dem Reif seiner Loken errieth man,
da der Fleiß nur dem Blatt der Beschäfti-
gung sein Gesicht zuwandte — sein Alter;
aber die fliegende Hand verrieth es nicht.

Grade den Plaz dem Kamin gegenüber,
im grünen Kabinet, würde das ausfüllen!
rief das Flegma.

Cospetto! ein zweiter Endimion! ein Paris auf Ida!

Kompostella kennt kein herrlicheres Opfer,
als das wäre.

Meinem Vaterlande auch den Schatz! —
hier ist das Blut der Liebe für Land und
Kunst!

(Ruhig) Sehr schön! in der That! —
(Rasch) Wie das herrliche Thal meiner
Heimath! — (Langsam) welche Beleuchtung
wie schön berechnet jener Reflex! — (Warm)
o mein stilles Dörfchen! — (Bedächtlich)
das mus ich recht studiren — (Vergnügt)
Ein schöner Artikel in das Kunstjournal —

Houri's! — herrlich! ein freier Himmel — die frohe Gesichter — Sorbet und
diese Houri's! —

Der Mann mit der Zeichnung im Winkel sah sich zum erstenmale um — wenigstens
bemerkt' ich es zum erstenmale. Ich stand
eben in seiner Nähe, und genoß des herrlichen Ausdruks weiblicher Zartheit, und väterlicher Vollliebe in zwei — Bauerngesich-
tern — es waren Vater und Tochter. Reine
Wahrheit bezeichnete Stand, Geschäft, Gewohnheit — ja, nur Bauern waren es, stol-
zer Bewahrer der Rangordnung, aber der
Genius hatte Geist und Gefühl des Menschen so adelnd in diese unschlichten unfeinern
Zü-

Züge gegossen, daß du Vater= und Schwe=
sterseelen unwillkührlich in ihnen und zärtlich
begrüßen mußt.

Noch einigemal blikte er um — die laut=
leise Monologen=Gruppe hinter ihm schien
ihm zu behagen — er zeichnete dann wieder
dazwischen. Ich theilte mich zwischen der
gemahlten Gruppe und dem zeichnenden Al=
ten, der zuweilen Morandi flüsterte.

Was? Grazie! schallte eine barsche Stim=
me aus dem keinen Kabinete am Saal —
laß' mich von den Heidengöttern los —

Sieh! die herrliche Formen! die strah=
lende Augen — Feuer hat er hinein gemahlt
— der Tausendkünstler —

Genug von dem Tand! hier das Pferd
— den Schnaubehengst — hier die Pracht=
hunde — hörst du sie nicht bellen und wie=
hern?

Die Gestalt sollten wir auf unserm Bal=
let haben!

Und ich diese Thiere in meinem — — —

Er vollendete nicht, — der graue Zeich=
ner hatte den Silberstift mit sonderbarer
Miene und Heftigkeit geschwungen, in dem=

7* sel=

selben Moment ein leiser Schnellstoß den
Saal, erschüttert, ein Blaugewölk helldunkel
über alles hingedämmert — Nun war alles
wie zuvor, nur die Gruppe nicht.

Vor den bewunderten Bildern ruhte eine
steinerne Sfinx mit dem Merkurstabe, hüpfte
in ewiger Bewegung ein Aeschen, stand ein
Granadenbaum. Vom Rosenkranz umschlun-
gen lag ein zum Ausmessen gespannter Me-
tallzirkel, und schlummerte zwischen Opium
und Betel, ein Zwerg: aus dem Kabinete
aber schlich in befremdender Eintracht die
schnurrende Angola-Kaze neben dem spüren-
den Jagdhund.

Nur der sprühende Rhonbewohner, mein
staunendes Ich, der lächelnde Greis, nur
wir waren von der vorigen Welt dieser Gemächer übrig.

Unsere Blike fragten den Greis — er
gab ihnen Wörte.

Kunstrassler, sagte er und Kunst-
händler sind nur zu oft die Furien des
ächten Künstlers, der doch als wahrer Anti-
Orest nicht die Mutter gemordet, sondern
sie innig geliebt hat — die ewige Mutter
Na-

Natur — Artistische Verlokenkrämer werden jene, die Schiloks des Genius diese so oft!

Und die Kunstrichter? fragten vermuthlich unsere Augen.

Dei's und Bei's, versezte er, auf der Hunger- und Raubküste — Kaperbriefe theilen die Groskunstrichter an die keinen aus, die dann lustig in See stechen, und gierig entern, um dem eignen leken Fahrzeug zu entgehn, und auf dem erraubten und aus ihm zu schwelgen. Ich hatt' es genug! O wo irgend ein Kunstkamel den Langhals aufrekt, da springen und hutschen gleich die Kunstäffchen und ästhetische Meerkazen nach — die Kunstbären tanzen den eingebläuten Reihen, und sind gar possirlich, zumal wenn sie vom Kunst-Honigbaum naschen — und die Kunst-Grauschimmel tragen Säke voll Werke, und rezensiren die Disteln, während die Kunsthasen Männchen und Burzelbäume machen. Weg mit Gattung und Arten!

Du bist — riefen wir beide.

Franzesko Zuccarelli war ich, sagt' er bescheiden, und verbleichte am Zeichentisch — wir sahen ihn nicht mehr.

Ja!

Ja! ächter Kunstsinn! du radirst wie er im Aufblühen nach den del Sarto's, schaffst dann die eigne Meisterstüke in Genius- und Farbenglut, nach welchen Bartolozzi's wieder radiren, und besuchst noch — nimmer endend und immer erstrebend — im sechzigsten Jahre die Akademie, um nach dem Leben zu zeichnen, wie — Franzesko Zuccarelli, Ja! hinweg von dir der unheilige Kunstpöbel!

12.

Die Toilette der Themis.

Die erhabne Tochter des Uranos und der Tellus sas — am Puztische. Die Horen tanzten um den Altar der Verzierung, ordneten die Gewänder der hohen Titanide, und rieben jene köstliche Steine glänzend, welche aus den übrig gebliebnen Gebeinen der Mutter entstanden; die einst auf ihres Oräkels Befehl das liebende Paar Deukalion und Pirrha auf der verödeten Erde geschleudert hatten.

Eu-

Eunomia brachte nun den faltenreichen
schwer geftikten Talar, Dize die Waage und
Irene die Binde; ich sprang dienstfertig herbei, um das von Damenhänden übergangne
Schwerd schuldigst nachzutragen.

Nicht so, meine Tochter, flüsterte die
Göttin sanft und leise, wie die jüngste der
Grazien — nicht so —

Die Horen staunten, ich der Waffen-
träger blieb auf halbem Wege stehn.

Gieb mir, fuhr die Göttin lächelnd fort,
gieb mir, gute Eunomia, jenes einfache Gewand dort von dem goldnen Seffel.

Eunomia gieng; und staunte zum zweitenmale. Wie! rief sie — der gewöhnlichen
Hausfrau gleich willst du vor den Sterblichen
erscheinen! —

Themis erwiederte mild und ernst: die
Sterbliche sollen mich fort an verstehn.

Mit zögernder Hand warf Eunomia der
hohen Mutter das hold-schlichte Gewand um,
das ihre Götterformen edler hervorhob, als
einst das schwerfaltige, indeß seine Einfachheit von ihrer göttlichen Würde geadelt
wurde. Eunomia sank anbetend nieder.

Und

Und du, Dize, liebe freundlich verglei-
chende und abwägende Dize, laß' nur die
Wage und nimm von jener Granitsäule den
Zepter.

Deiner Wage willst du entsagen, bat
Dize —

Den Zepter!

Dize gehorchte, auf dem goldnen Zepter
war das gleiche Maas eingegraben, und
dankbar brachten Städte und Länder im Gefühl geschaffner und geschützter Verfassung
Kronen und Jubel dar, wie die Göttin den
Zepter mit hoher Hand faßte.

Die Binde winde um mein Haupt, Irene, fuhr sie fort —

Deine Augen?

Sollen sehn von nun! daß der Oel-
zweig in deiner Hand grüne, nicht welke.

Irene schlang die Binde um das Götter-
haupt; ein schönes Diadem der hellsehenden!

Die Horen erblikten mich nun mit dem
Schwerd.

Hinweg! riefen sie, hinweg, mit diesem
grausesten der Geräthe!

Häusliche Gesezgebung herrscht! sprach
Eunomia — kein Schwerd! Ver-

Verfaſſung und gleiches Recht beglüken! ſagte Dize — kein Schwerd!

Von Weisheit geht Friede aus! rief Irene — kein Schwerd.

Gieb mir das Schwerd, Erdenſohn! ſprach die Göttin — es bedarf ſeiner der Himmel, der ſich auf eurem Eilande bildet — Schuz bedarf er und Frevelſtrafe — Gieb mir das Schwerd, Erdenſohn. Auch die Parzen gebahr ich dem hohen Jupiter wieder.

22.
Der Sternenrath.

Unſer Himmelsadel iſt dahin, wenn wir den Menſchen ferner geſtatten, uns nach Belieben auf dem Kleide zu tragen! Sie nennen es zwar — auf der Bruſt, aber ſie ſollten ſagen: über der Bruſt, denn ihre Hülle hält feſt, was ihr Weſen zu tragen Stolz ſein ſollte. Ich klage das naſeweiſe Geſchlecht an, und fordere die Rache der hohen Firmamentsmächte auf der Schuldigen Eitelhaupt.

So

So rief — der Mond, blutroth vor Zorn. — Ich fuhr aus schönen innern Träumen empor, und sah mich mit Erstaunen in seiner Nähe.

Schweig, erwiederte der ernste Saturn, indem er auf seine sieben Monde zeigte (deren sechs ich nun zum erstenmal ohne Fernrohr erblikte) — wie kämest du unter die Sterne, du Bettelleuchter? Ueberlaff' uns die Sorge für unser Wol und unsere Ehre, du Himmelsplebejer!

Der Mond wollte antworten; er hatte noch nicht der — für ihn — schönen Zeit vergessen, da man seinem milden Glanz entsezlich den Hof machte, und unter den gewaltigen Regengüssen der Empfindsamkeit das goldne Alter der Wasserschösslinge blühte. Aber schon flogen, zischten und schossen die Sternschnuppen am Firmamente hin, und sagten zu Rath an.

Sämtliche Planeten waren zwar rathslustig, doch erkundigten sie mit weiser Vorsicht die Ansagbehörde, und fanden — alle gegen einen und jeder gegen alle sich feierlich verwahrend — daß eine Versammlung un=

unmöglich fei, die fo viel Direktoren habe.
Das gab der Sache einen Halt.

Der Mond fchrie von neuem, und alle
Planetenmonde mit ihm für die Sternenehre.
Es war ein ungeheuer = furchtbarer Tumult
— keiner Stimmen.

Plözlich wurde es ftill; da einige Stern=
fchnuppen in höchfter Zerrüttung und Ver=
legenheit zurükkamen. Gnädige Herrn! rie=
fen fie — es will fich nicht machen —

Und was?

Die erlauchten Fixfterne fchlugen uns
gradezu das Gehör ab, wie fie aus den er=
ften Worten unfern Antrag erriethen.

Impertinent!

Was hat die Sonne gefagt? fragten fie.
Und wie fie vernahmen, die hohe Dame habe
fich noch gar nicht erklärt, fo jagten fie uns
ohne Umftände von dannen.

Ha! führen wir nicht jeder einen Götter=
namen? und fie nur in Menge einen Thier=
kreistitel? oder haben höchftens einen Hel=
den zum Pathen?

Ein Stern erfter Größe rief uns mit
erhabner Stimme nach: Für die Lichtbedürf=
tige

tige Planeten alle spreche die Sonne allein,
denn ohne ſie — wären ſie Nacht.

Der Läſterer!

Und in der Milchſtraße war ein mächtig
Wirken und Treiben, Dröhnen und Brauſen,
daß wir ſchnell — ſchnell entflohen.

Sollten wir die Sonne begrüßen? fragten die Planeten unter ſich. — Sie mag ſich
anſchließen, hies das Reſultat; iſt ihr Weg
zu uns doch ſo nah als der unſrige zu ihr.
Ihr Intereſſe an der Sache mag ſie weken —
warum ſollten wir die Bothen bei ihr machen?

Man überlegte weiter, was gegen die
anmaslichen Fixſterne und die keke Menſchen
zu thun ſei. Die Erde vertrat ihre Kinder,
und ſprach: bin ich nicht ſo gut, wie ihr?
Glaubt mir, wir alle ſind nur Stiefkinder
des Lichthimmels; wir baden uns in den
Wohlthaten der Sonne, laßt den Geiſtern,
welche in der Nebelhülle unter meinem
Schuze ein kurzes Leben hinwandeln, die
Himmelsfunken ungekränkt, die ſie auf das
Gewand des Staubs ſtiken; und ihr — nicht
einmal gebt.

Alle ſchnaubten gegen die Vertreterin der
ſterblichen Familie.   Hört

Hört sie sprechen! hört sie sprechen! rief
die Firmaments-Opposition — stoßen wir sie
aus, sie ist unserer Genossenschaft nicht würdig mehr!

Da strahlte die Sonne empor — meine
Augen vergiengen vor dem Feuermeer, die
Planeten zitterten und schwiegen, stille Ruhe
umfaßte die Himmel, bis an der Hand der
aus Ruhe sprossenden Sicherheit der Tumult
zurükkehrte und ein schnell dahin schiesender
Komet herausflog.

Zu mir! meine Freunde! rief er den
Planeten zu — ich mache gemeinschaftliche
Sache mit euch, ich will euer Führer sein
für die hohe Sternensache, und gegen ihre
Schmach! Wie! die zweifüsige Schwächlinge
auf Erden masen sich's ungestraft an, ihre
schnöde Mahlerkunst bis an das hehre Him-
melsgewölb zu treiben, und einen astrono-
misch = mithologisch = poetischen Plafond daraus zu machen? Die Kekheit ihrer Einbildungskraft tragen sie herauf, uns nach sich
zu nennen! und unsern Glanz hinunter, sich
damit zu puzen! Sterndeuter haben sie, die
auf uns, aber nicht in uns deuten, grade
wie

wie Kinder nach dem elenden Monde da
unten greifen, aber ihn doch nicht begreifen!
Es ist Zeit, das zu enden.

Es ist Zeit wir folgen dir!

Zuerst zur Sonne — sie mus sich unserer vereinten Macht beugen; dann heben
wir die Firsterne aus den Angeln, und die
Erde, welche die gute Gemeinsache floh, er-
tränke ich in meinen Wassern.

Er drang vorwärts — um an der Sonne
zu vergehn. Dürftige Reste trug er nun in
schneller Flucht davon, und die Astronomen,
die ich von unten hinauf hörte, zerbrachen
sich den Kopf über das Fänomen, das ich
deutlich erklärte. Gefesselt in ihren Kreisen
mußten die knirschende Planeten nach wie vor
der Sonnenmacht gehorchen; umsonst sich
sträubend, und der warnenden Flucht des
tollkühnen Irrsterus unwillkührlich nachzit-
ternd.

Aber alle die tausend und tausend Sonnen des Firmaments flammten in ihrem un-
erschöpften Unvermögen, der Sphären Harmonie rauschte allgewaltig in das hehre Lo-
dern des Strahlenmeers, und eine Stimme
sprach

sprach in Aetherdonnern: der Funke des Himmels ist ihre — auch sein Zeichen sei ihnen
verliehen! die wahre Sternbahn in der Höhe
und auf Erden aber ist nicht immer die
Bahn zum — Sternzeichen.

23.

Genius-Testament.

Leonardo war eingeschlummert, ich legte die
Feder nieder und lauschte nun seinen Odem-
zügen, wie vorher seinen Worten. Leise
und leicht entschwebten sie der Greisenbrust,
in welcher ein Himmelsgeist sich sanft und
kampflos von den Erdfesseln loswand.

Erhabner Da Vinci, sagt' ich — nein!
ich sagte es nicht, nicht einmal flüsternd gab
ich den Gefühlen des Busens Worte, aber
um so lebendiger wallten sie auf. — genius-
reicher Sohn der Natur und eines Notarius — verlasse diese Erde noch nicht, welche
der Reize soviel und immer des Lichts aus
dem Menschenauge zu wenig hat!

Ser Pietro stand neben mir — Auch ein
Notarius? fragt' er.   Der

Der Anblik des Bewohners einer fremden Welt wekte mich aus der stillen Beschau-
ung — Vateraugen sahen aus dem Leichen-
gewande, die Notarsfrage gehörte den Lippen. —

Der große Erzeugte kehrt zu seinen Himmeln! sprach ich, und zeigte auf den Schlummernden um Silberhaar.

O er entfloh der Schreibstube der Sig-
noria! rief der Schatten schmerzlich. Er ver-
blich im Zwielicht des Krankenzimmers.

Leonardo öffnete die Augen, nahm das
verlaßne Wort auf, und diktirte weiter: Dem
Genius im Busen folge der berufne Kunst-
jünger über alle Dornen des Lebens — Heilige Blüthen entfalten sich dem geweihten
Innern.

Augen und Lippen schloßen sich dem wie-
derkehrenden Schlummer. Ich hatte geschrieben, die Feder sank aus meiner Hand, mein
Blik auf ihn.

Heil dem Genius! flüsterte ich wortlos
im verschwiegnen Busen — Heil dem Adler-
beschwinger! Heil dem Lichtsprüher und
Bothen!

Mit

Mit krauſer Stirne ſtand ein anderer
Schatten zwiſchen dem Lager und mir. Sein
glühend Auge irrte auf den Zügen des geiſt-
reichen Schläfers, in der Linken hielt er die
zerbrochene Palette, in der Rechten das Ge-
fäß mit Gips.

Sein Engel verſcheuchte mich von der
Kunſt, ſprach er mit hohler Stimme — die
Lüke lies ich ihm in der Taufe Gemäld;
durch ſie verjagte mich der Zögling aus dem
Tempel — und doch war er mein Schüler
— ich will ſeine Formen! gieb mir ſein Bild
in den Abguſſ, der den Spiegel des entfloh'-
nen Geiſtes zurükhält.

Ich drängte mich dem zürnenden Schatten entgegen — hinweg! rief eine leuchtende
Geſtalt, die neben uns aus der Erde emporſtieg, und Empiräumsglanz über den Grabes-
ſtaub ſtreute. Hinweg — ſein Abendmal ſpie-
gelt den Geiſt, ſein Piccinio beſiegte mich!
Binde die Züge des Genius nicht im Ge-
werk des Mechanismus!

Schöpfer des Weltgerichts!
Michel Angelo und Varrocchio waren

auf mich, und diktirte: Eiferſucht fliehe vom
Genius, beſchämt vergehe in ſeinem Strahl
die Eitelkeit: in der Sonnennähe gezeugt,
vergeſſ' er auf Erden der hehren Wiege
nimmer! Und er entſchlummerte nochmals.

Ludoviko Sforza ſchwebte vorüber. Die
Wäſſer der Adda huldigen ihm, ſeufzte er,
Montſana's Kanal verewigt den Heroengeiſt
— o daß ich zu früh ſank!

Wollaut quoll aus verborgnen Saiten,
ſüſe Stimmen ſangen holde Worte darein.
Die Blätter der Weisheit und Wahrheit
glänzten von unſichtbaren Händen getragen.

Still war alles umher, Leonardo erwachte, lächelte und ſprach: Ewig ſei er
wirkſam — raſtlos hienieden, dort ewig!
lächelnd ruhte ſein Antliz auf der ſchwinden-
den Erde.

Ein lautes Geräuſch verhallte vor dem
Hauſe, ein leiſes nahte dem Gemach. Ja!
er war es! der ritterliche Vater der Wiſſenſchaften. — Die Züge des ſcheidenden Genius
verklärten ſich — er ſtrekte die Arme gegen
den Helden aus, der mit geöffneten ihm entgegen eilte.

Mäch-

Mächtig auf Erden, entreiſſe ferner die
Prometheus den Geiern! ſprach feſt und ſtill
Leonardo, ich ſchrieb, der königliche Freund
weinte über der lächelnden Leiche.

Du Fresne, Pouſſin, Caylus, Morghen
und Comolli ſchwebten in der Ferne vorüber.

24.

Wiederſtrahl.

————

Jupiters Adler ſtürzte mit mir im mächtig
gelenkten Fluge herab. Sieh! ſprach er —
daß ich auch der Erde zuzuſteuern, nicht nur
Ganimede zu rauben verſtehe!

Biſt du doch der Sonne Vogel.

Er ſchwieg, rollte das Feueraug, und
legte die Blize hinweg. Nun folge mir —
ſagte er endlich dem erſtaunten Beſchauer
ſeiner Behutſamkeit.

Ich folgte.

Wir ſtanden vor einem Buſche; im
Schoos des Buſches ſtrebte ein köſtlicher
Pomeranzenbaum empor. Der Blizträger
Zevs ſchwebte neben mir, berührte einen

8*   Zweig,

Zweig mit dem mächtigen Schnabel und
sprach wieder: Sieh!

Ich entdekte den Frühbothen der Gold-
frucht, um ihn her entfalteten sich zarte Blätter, ein giftiger Thau hatte die lieblichen
Keime versengt, nur einer stand rein und
schüzend über die Fruchtknospe gebeugt, der
Verderbniß gegenüber und wider sie.

  Pflüke das Blatt! gebot der Göttervogel.
Ich zögerte.

  Pflüke es — wiederholte er feierlich.
Ich vollzog.

Da sandte er den Feuerblik himmelwärts,
hob mit dem mächtigen Schnabel die Fruchtknospe aus dem verborgenen Size, und legte
die schonend erhobne neben das Blatt in
meine Hand. — Geh nun, sprach er, be-
wahre und suche — du wirst finden. Er
segelte dem Firmamente zu.

  Ich bewahrte, gieng, suchte. Immer
sorgsam die stille Gabe der Natur und des
Wunders bewahrend, gieng ich lange, weit,
durch lokende Fluren und über wüste Step-
pen — ich suchte, suchte, suchte — finden
soll ich! war mein Gedanke, aber ich fand
nicht.   Im

Im glühenden Sonnenthale begegnete
mir — der sanft begeisterte Apostel von
Kambrai. Ein Blik in sein freundliches
Geistaug sagte mir: Du fandest! Ich reichte
ihm die Gaben des Adlers.

Ein segnender Strahl aus seinem Aug
berührte sie — Telemach und Mentor standen vor uns, abwärts tobte ein plözlich ent-
stehend Gewitter in Düstergewölk, der Adler
schwebte über dem Strahlenkranz, der des
Weisen Haupt umgab, und Stimmen Unsicht-
barer sangen im hehren Kor:

„An der Liebe Busen sie zu drüken,
„Gab man höhern Adel der Natur,
„Alles wies den eingeweihten Bliken,
„Alles eines Gottes Spur!" *)

25.

Aethers Vermittlung.

Ich will weiter nichts davon wissen, sagte
der riesenhafte Fäokomes. Ich bin ein Zentauer;

---

*) Schiller die Götter Griechenlands.

tauer, und damit iſts gut. Sechs Löwen⸗
häute brauch' ich mich einzuhüllen, wie ihr
wißt — ich meine, das heißt genug geſagt,
will man anders verſtehn — will man
aber nicht, ſo hab' ich hier etwas zur Wider⸗
legung. Damit machte er einen Saz, der
ihm, die günſtige Gelegenheit gab, vier
furchtbare Hufe in ihrem ⸗Vollglanze zu
zeigen.

Ich rathe dir, behutſam zu verfahren,
erwiederte Briareus, denn auf jeden deiner
Hufe habe ich genau ein Viertelhundert Hän⸗
de in Vorrath — Du könnteſt dich leicht
verrechnet haben. Mein hoher Vater iſt
Zoelus, meine Brüder und ich halfen dem
Jupiter (der ſonſt nicht damit fertig gewor⸗
den wäre — ganz gewis nicht! —) wir hal⸗
fen ihm die Titanen bändigen. Dagegen
ſtammſt du vom Frevler Ixion, der ſich der
Liebe zur Juno vermas, und — hahaha! —
einer Wolke — hahaha! ein hoher, aber
luftiger und duftiger Urſprung, in der That!
Und was thut oder thatet ihr denn, du und
deine gallopirende Brüder? Es iſt wol der
Mühe werth, davon zu reden. Auf dem Pe⸗
lion

lion ließt ihr euch von den Nimfen auffäu-
gen, pfleget dann eures Leibes, bewirthetet
den Herkules, und empfienget dafür von ihm
— tüchtige Schläge. Hahaha! die grose
Ehre — die — Halbgottsprügel zu bekommen!

Der Zentiman lächelte höhnisch, indeß
der Zentauer vor Zorn schnaubte und wie-
herte.

Pake dich an deine Höllenthüre, schrie er,
und bewache die gefangene Titanen oder —

Stille! still! rief der einstürmende Lapi-
thenhaufe — Wir lernten von Vater Apoll
dem hehren und der liebenswürdigen Stilbe,
unserer holden Mutter, des Lebens geniesen,
die Zentimanen binden und zähmen die Zentauren. Vertragt euch oder wir lehren euch
Ordnung. Unser ist die Macht, denn wir
sind die Mehrzahl: laßt eure Titanen heraus,
wir fürchten sie nicht — hört auf in den
Wollüsten des Pelions so unverschämt zu
schwelgen — die Erde ist unser Eigenthum
und ihr seid unsere Diener.

Die Tochter der Nacht, die düstre Eris
schwirrte über den erhizten Sprechern, und
lokte zum Kampf; Jäokomes und Briareus

rie-

riefen ben Brübern, die Furien tobten, Waf=
fen klirrten, Blut begann zu fliesen — der
Schlund des Kaos öffnete sich bürstend und
flammend.

Da schwebte der strahlende Aether her=
nieder, und Nachtgötter und Zwistgetümmel
flohen, die Zentauren zitterten, die Zentima=
nen beugten sich, die Lapithen kehrten zur
Pflicht zurük.

Chiron beherrsche euch in weiser Kraft!
rief er den ersten zu. Efeubekränzt trat der
Weise mit der zauberischen Leier an die Spize
des kaum noch stürmenden Haufens.

Wachet ihr in Jupiters Furcht still und
sorgsam am Thore des Orkus — Auch die
gebändigten hundert=Aermler eilten davon.

Und ihr — er wandte sich zu den Lapi=
then — seid friedlich stark und beglükt kräftig.

Damit hielt er die fliehende Laren zurük,
und führte ihnen die freundliche Agathodä=
monen zu, welche sie mit jungen Veilchen
und Rosmarin kränzten.

Pflegt ihr des sichern Glüks, sprach zu
ihnen der zum Himmel kehrende Aether.

———————

26. Ge=

26.

Geschichts-Amt.

Der schlichte Mann in der etwas unzier-
lichen Nachtmüze und dem so ziemlich orienta-
lisirten Schlafroke schrieb eifrig. Die Son-
nentochter Begeisterung wehte um seine Züge
und aus ihnen; der Ideendrang, dessen Schatten über die denkfaltige Stirne flogen, erklärte den unaufhaltsam raschen Federflug.

Er wurde abgerufen; ich schlich mich
leise aus dem Winkel der Beobachtung nach
der Stätte des Wirkens, Oh! rief ich halb-
laut, und las:

„Wenn du nicht eben schlummerst, lie-
„bes Schwesterchen, so sei so hold, mir eins
„der schönen Mährchen zu erzählen, die du
„weißt."

Vom Papiere hinweg blikt' ich halbver-
drüßlich rufend: Da bin ich ja gar in eine
Mährchenanstalt gefahren! und suchte mit
den Augen die Nachbardinge. Neben einer
Abhandlung über den Ursprung des Kaffe's
in Duodez lag die Vorrede zu d'Herbelots
orien-

orientalifchen Bibliothek, und ein ,über=
fezter Alkoran. Ja, es ift richtig, murrte
ich — ich bin am Schreibtifche von Kolberts
Orientsfpäher. Ich fchlenderte übellaunig
davon, und befchloff ihn noch nach feinem
Tode irgend einem ariftarchifchen Knittel=
versler heimzufchlagen.

Schon war ich auf der Schwelle des
Studierkabinets, als ein leifes Geräufch mei=
nen Kopf rükwärts drehte. An Gallands
Stelle fas der Hiftoriograf Gaftons von Or=
leans, und krazte fehr forgfältig einige
Schreibfehler aus. Es ift doch unbegreiflich!
fchrie er entrüftet — die Mährchen=Erzähler
haben es noch bequemer, als ich mirs mache
— fie dürfen gar kein Buch auffchlagen, und
aus freier Eingebung komponiren, da ich erft
am Abend meine Bücher fchliefe, und mein
Gedächtnis walten laffe; und doch Schreib=
fehler! fie, diefe orthografifche Gefpenfter
für meine Augen, um derentwillen ich ganz
gewis meinen unverbefferlichen Vetter ent=
erben werde.

Nach einigen Verfuchen warf er das
Federmeffer hinweg, pakte Gallands taufend
und

und eine Nacht auf, und ließ seine eigne
Geschichte der europäischen Religions = Um=
wälzungen dafür liegen.

Unter der Thüre begegnete dem unter
der Last keuchenden Varillas der geniale
Saint = Real.

Ah! rief der Abbè — find ich Sie so?

Nun! und wie? murrte der alte Herr.

In Ausführung einer Verschwörung ge=
gen fremde Handschriften! — Saint=Real
lachte herzlich.

Das Gewerbe überlaß' ich dem Ver=
faffer der spanischen Verschwörung gegen
Venedig.

Ihre alte Beschuldigung beluftigt mich
auch noch in der Geisterwelt, erwiederte der
Abbè — besonders, daß Sie die Güte hat=
ten, meinem Diebstahl Ihre Papiere zu
leihen —

Hinweg, Salluftulus!

Fürchten Sie nichts — ich nehme Ihren
Schäzen kein Jota. Was haben Sie denn
da Schönes?

Varillas verbittet fich Saint=Reals Zu=
dringlichkeit — die Mufen wollen — — —

Ge=

124

Geneckt sein? — Hahaha! Tausend und
eine Nacht — Tausend und eine Nacht!
— ein vortrefflicher Fund für den Historio-
grafen!

Mit stieren Augen und weit offnem Mund'
starrte der Verfasser der Politik Ferdinand
des Katholischen und des Hauses Oestreich
den satirischen Abbé und die unglüklichen
Bücher an, welche er in der sich verwirren-
den Hand hielt. — — Gerechter Himmel!
rief er — mir diese Schmach.

O mein guter Freund! rief Saint=Real
— halb part! wir historische Dichter sollten
es nicht so genau mit dem Mährchenvater
Galland nehmen.

Arouets Schatten stand lächelnd vor ihnen
— brav, Abbé! flüsterte er — anspruchlos
wollen wir den filosofischen Geist in das mit
Geschichte bemahlte Haus einsezen!

Aber die beiden Tazitus giengen ernst
vorüber, der, welcher von den Sitten der
Teutschen, und der, welcher von der Helve-
tier Thaten schrieb, und sagten ernst=freund-
lich: „Der Geschichtsbücher vorzüglichstes
„Amt ist's, Tugenden nicht zu verschweigen,

— und

„und böſer Rede und That Zittern vor Nach-
„welt und Schmachruf zu bereiten!" *)

27.

Der Ober-Bratenmeiſter.

Die Suppe wird kalt, Herr Requetenmeiſter,
rief die Magd zu der ein Viertheil offnen
Thüre herein.

Ja! da kann ich nicht helfen, mein Kind
— antwortete Franz Viéte — ich muß erſt
dies Paket für meinen Freund Adrianus Romanus ſiegeln. Er wartet längſt mit Ungeduld darauf.

Ein Bote trat herein. Hier, ſprach er,
ein Schreiben des Kardinal Aldobrandini
über die bewußte Kalender-Angelegenheit.

Vortrefflich! ſagte Viéte — vortrefflich —
es geht gut mit der Sache! ich werde gleich
antworten — ſogleich. Er legte den geöffneten und flüchtig überblikten Brief auf die
Seite, um vorher die mathematiſche Depeſche
an ſeinen teutſchen Freund zu enden.

Aber

*) Tazitus. Annal. III. B. II. Kap.

Aber einige Diplomatische stürmten auf
ihn ein. Der Geheimschreiber des Ministers
brachte ihm die lezten spanischen Zifferbriefe,
welche man aufgefangen und die allein er im
weiten Reiche aufzulösen verstand.

Haha! lächelte er — die Spanier vergessen nicht des Tagwerks für ihren Zauberer.

Er wollte die Papiere hinlegen.

Auf der Stelle! bat der Geheimschreiber.

Die Politik immer noch gleich sehr gebieterisch! — seufzte der thätige Requeten-
meister, entsagte der mathematischen Lieblings-
depesche, blikte traurig auf die Kalenderpa-
piere, und nahm die Spanierbriefe vor.

Weiberschrittchen trippelten herein —
Nein! zirpte die Stimme der Köchin — das
ist einmal wieder zu arg — ich bringe Ihnen
das Essen an und auf den Schreibtisch, und
wenn sie binnen einer halben Viertelstunde
nichts angerührt haben, so rufe ich einmal
den Herrn Doktor wieder, daß er seine Au-
torität eintreten läßt.

Damit ordnete sie, so gut es gehen wollte,
die Schüsseln unter den Papieren. — Wie
wollen Sie denn — rief sie — wie wollen
Sie

Sie denn rechnen und schreiben, wenn Sie nichts essen — ?

Der gute Mathematiker seufzte: O diese Frohnarbeit des Essens!

Was! krächzte eine Stimme unter dem Tische hervor, ein grosses Gepolter erhob sich und der ehrliche Viéte sprang, seines Essens gerne vergessend, seine Papiere sammelnd, auf, indem er sich mit ihnen nach dem Pult im Fenster rettete.

Ein Bauch mit Kopf, Händen und Füsen krabbelte in die Höhe. — Was! fuhr die Stimme zu krächzen fort — welche lächerliche Ziererei! Auch ich bin Professor Matheseos publikus et ordinarius, geheimer Regierungs=rath, Mitglied von fünf bis sechs Akade=mien, und — finde doch Zeit und Lust, auch die Stelle des Ober = Bratenmeisters bei Hofe zu verwalten! Es ist ein einträgliches, braves — (er lekte sich den Mund) fettes Stellchen — ich möchte lieber die ganze Al=gebra missen, als die geometrische Konstruk=zion der Hofküche —

Viéte hörte schon vor Rechnen und Schrei=ben den — Bauchredner nicht mehr.

Hm!

Hm! Hm! ſchnupperte dieſer — hier iſt, trügt mich nicht alles, angerichtet — Hm! ganz artige Gerichtlein! — Res nullius! wie es ſcheint — der Küchen-Atheiſt dort im Fenſter hat — entſagt, und ſonſt ſehe ich niemand — das giebt eine herrliche Analisis speciosa!

Damit ſezte er ſich behaglich nieder und machte aus dem Schreibtiſch des Kollegen ſeine Schmaustafel. Der Requettenmeiſter aber winkte mir, und ſprach: O dieſe häſſliche bekannte Gröſe!

28.

Die neue Egeria.

Ich betrachtete die Kupferſtiche im Vorzimmer; ſie ſtellten die Heldenthaten des Herkules vor — vielleicht hatte ſich aus höchſt moraliſcher Beſcheidenheit oder mithologiſcher Pädagogik auch die Szene in Omfalens Toilettenkabinet mit eingeſchlichen — ſo dacht ich wenigſtens damals und bei dem erſten Anblicke.

Die

Die Bildung nimmt doch recht überhand, und wirkt wahrhaft erstaunlich, daß man solch einen psichologisch = moralisch = diäteti= schen Zug in dem Vorzimmer eines Ministers findet.

Ein gefälliger Ofenschirm lispelte mir zu: Sie irren sehr, mein Herr — Sie sind allerdings in einem Vorzimmer, aber — vor der Hand in dem der Frau Ministerin —

So! rief ich überrascht — Also gieng ich doch nicht rechts, wie ich glaubte —

Wol möglich, nahm eine wunderschöne Antinousbüste aus Alabaster vor dem Spiegel das Wort — wol möglich, lieber Freund, daß Sie nicht r e ch t s giengen: aber trösten Sie sich, selbst l i n k s giengen Sie r e ch t.

Hm! brummte ich halb verdrüfflich, — ich wüßte nicht, daß sich die Römer mit Wortspielen abgaben, — je nu! freilich! zu Hadrians Zeiten — alles hat seinen Verfall in der Welt — und, fuhr ich laut fort — mein Weg ist der weiteste — die Dame könnte es übel nehmen, und der Minister ungnädig, wenn ich hier — — —

9 Halt!

Halt! gebot ziemlich rasch die Vase mit
Potpourri, und drei Papageien schrieen auf
einmal: Gnädige Frau — ! Ich hörte Sei=
denrauschen von innen, Schuhkrachen von
auſſen, ein gütiger Strauchelschritt legte mich
ſanft zu Boden, ich berührte mit der Naſe
den Teppich ünter dem Tiſch'gen vor dem Sofa,
und fand mich plözlich — in eine leiſe ſchnur=
rende, raſch bewegliche Fliege mit koloſſalem
Mopsrüſſel und ſchimmernden Flügeldeken
verwandelt.

Aber ich behielt die Menſchenſeele in
der reduzirten Geſtalt; die Monade hatte
Plaz — unwiderleglicher Beweis für die
Einfachheit — ſollte man einen Traum von
der Bahn ausſchlieſen, wo ihrer ſo viele
Glük gemacht haben? In demſelben Augen=
blike erkannt' ich auch in allen übrigen Mük=
ken verwandelte Menſchen — dieſer einzige
Blik erklärte mir ihre Lüſternheit, Unruhe
und Summluſt.

Wir alle wurden verwandelt, wie deine
ſchwarze Liebden, ſchnurrte die nächſte mir
in's Ohr — dieſer Teppich hat magiſche
Kräfte — wen der Zufall dahin führet, der
                                        wird

wird unrettbar zur Fliege, und kann nur zum
vorigen Dasein durch — — —

Die so wichtige Kunde entgieng meinem
Ohr, als das nun ganz nahe Seidenrauschen
und Schuhkrachen die geschwäzige Freundin
stöhrte — sie floh verscheucht, und — aus
dem Kabinet traten die gnädige Frau, durch
die Flügelthüre von der Gangseite der Herr
Minister.

Eben recht — wo bleiben Sie so lange?
fragte die Dame mit strengem Ton.

Die Post kam so späte — erwiederte der
Herr mit entschuldigendem Tone.

Der Koch wartet — fuhr sie, die Briefe
empfangend, fort.

Der Vortrag eilt auch — lispelte er,
den Zettel aus ihrer Hand nehmend.

Nur voran mein Herr — hier könnten
wir gestört werden, sagte sie, die Kabinet-
thüre öffnend.

Sie erlauben mir zuerst in das Heiligthum zu treten, süselte er, sich hastig-zere-
moniös hineinwindend.

Ich huschte noch schnell genug durch die
sich schliesende Spalte, und — sah —

Herr

Herr Exzellenz revidirte wichtig=vorleser
den heutigen Küchenzettel — Frau Exzellenz
musterte pfiffig=besonnen die Papiere.

Hm! wollte ich sagen, und ein förmliches
Mükenschnurren wurde daraus. Unglüklicher
weise saß ich eben auf der schön — gemahl=
ten Damenwange, meine kizelnde Fusfülle
mußte die Karmin=Altarsdeke durchdrungen
haben, der zürnend=rächende Finger tippte
mich — aber glüklicherweise nicht zu tode,
sondern wieder — zum Menschen. Da stand
ich.

Lächelnd maß mich Frau Exzellenz mit den
spizigen Bliken, und lud mich an den Se=
kretair ein — es schien, sie wollte mir dikti=
ren. Herr Exzellenz sank dem Küchenzettel
nach und auf dem Boden in Ohnmacht.

Die neue Egeria! rief ich — aber wahr=
lich kein neuer Numa.

Damit sprang ich ins Vorzimmer, haschte
den magischen Teppich, und warf ihn, mit
der obern Seite, über die doppelte Ohn=
macht und die Haus= und Geschäfts=Macht.
Zwei Schreie — zwei herrliche Fliegen, die
zornig um mich herschnurrten. Ich verjagte
sie

sie lachend — herab in die Küche flog die eine, nach Hof auf den Konferenztisch die andere.

29.

Göttin Peta.

Die alte Frau mit dem Klingbeutel kam mir immer näher.

Sonderbar! dacht' ich, daß hier — eben hier dies Surrogat = Werkzeug der kristlichen Liebe, und eine so häßliche alte Frau er= scheint; ich kann's nicht fassen — Ueberdies muß sie toll sein; bleibt sie doch bei allen leeren Sesseln stehn, und scheint fest entschlos= sen, nur in der Reihe zu mir zu gelangen, sind wir beide gleich allein im Zimmer.

Plözlich trat ein Jüngling flüchtig her= ein und eilte nach einem der Stühle; Ent= zücken glänzte in seinen Augen, als er mich unter sich sah; aber Entsezen verglaste die= selbe Augen, da unversehens unter dem Sessel vor dem seinigen ein alter Mann her= vorkroch, der ohne weitere Bewegung auf den

den Knieen liegen blieb und den geduften Naken in Demuth der Klingbeutelfrau entgegenstrekte indeß seine rechte Hand schwer gefüllt schien.

Die Alte stand vor ihm. Anbetend mit Blik und Gebehrde warf er das Gold in die harrende Maschine, sich selbst auf den Boden, und küßte ihr das zerrissene Gewand, den abgenüzten Schuh. — Der Jüngling wollte über den listigen Alten verzweifeln, ich mich zu Tode lachen.

Da dämmerten Lichtstrahlen auf, die Alte war jung, die Häßliche blühend und schön, huldvolles Lächeln schwebte auf ihren Rosenlippen, Anmuth wohnte in den Wangengrübchen, Zauber umfloß sie vom gewölbten Busen bis zur blendend weißen Zehe. Dir wird gewährt werden! flüsterte sie dem in Verklärung vor ihr beleuchteten in Wonne aufgelößten Greise zu. Dann verschwanden Licht und Schönheit; die alte Frau gieng mit ihrem Klingelbeutel weiter.

Sie kam zu dem Jüngling. Im Aufschwung des Bettelgenius riß er sich empor, sprang dann schnell wie ein rollender Ball in ihren

ihren Weg, warf zuweilen in ihre Wander-
börse, und sich unter ihre Füse; sie trat auf
seinen Rüken, und indeß sie sich behaglich da
wiegte, sang er mit Jubeltönen Himnen des
Dankes und ihrer Verherrlichung.

Strahlender als vorher und reizender
schwebte sie auf dem doppelt Verklärten —
Wol dir, flüsterte sie mit dreifachem Huld-
laut — Heil dir! du getreuer und ganz vollendeter Knecht! dir soll vergolten werden,
dir soll Wonne und Glück blühen, dir soll
sich meines Füllhorns Reichthum öffnen.

Die Lichterscheinung verschwand — die
Alte stand nun vor mir.

Wozu sammelst du? fragt' ich —

Sie blikte mich befremdet an.

Und was gewährst du den Bittenden?
führ ich fort.

Ihr Blik sprühte Zornfunken.

Du kennst mich nicht, das sehe ich, so
beschloß ich — aber auch du bist mir unbekannt.

Ich bin die Göttin Peta rief sie entrüstet, und du bist vor meinem Antliz ver-
worfen.

Sie

Sie gieng, der Greis und der Jüngling zitterten ihr, von eignen Wünschen erfüllt, an meiner Statt bereuend, nach. Aber ich kehrte das Auge ab, und sprach: Die Göttin, von welcher die Römer Erhörung flehten, die warst du gewiß nicht — Und wärst du es auch, doch hättest du nichts, was um die Preise, die ich dir zollen sah, mich reizte.

30.

Die Lichtboten.

Dunkle Nacht umgab mich, ich hörte nur das riesenhafte Rauschen der umgewälzten Erde in dem Raum der Unendlichkeit; aber auf dem hinsausenden Ball herrschte düstres Schweigen der Mitternacht; kein Ton wallte von der sonst blühend-lebendigen auf, kein Stern schimmerte durch das Wolkenblei, das öd und furchtbar über ihr lastete. — Dies erloschne bessere Leben der dunkelsausenden Erde lag schwer auf mir.

Himmelsbläue! rief ich — Himmelsbläue! die uns vom Sonnstrahl verklärt, gestift

von

von den Sternenfunken so lieblich und unsere Jnwelt verklärend erscheint — o! wo — wo bist du? ..

Eine ernste Stimme versezte aus umwölkter Höhe: die lieblich spielende ist nur der Farben-Anlauf, welchen die Unermesslichkeit in euern begrenzten Augen nimmt. Und diese Pforte der Allmacht möcht ihr anstarren, ohne an den Tempel der Allmacht zu glauben, den ihr nicht seht und an sie selbst, die ihr nicht fasset? Die Gütige, nimmt, zu eurer irdischen Einkleidung sich freundlich herablassend, einen Anhauch der Verkörperung an, und ihr verkennt — selbst beselt — die hehrste Stimmen-Urkunde der grosen Weltsele? — Sie schuf euch Licht — die trübe, öde Nacht ist euer Werk.

Die Stimme verhallte, und es war mir, als umschwebe mich ein leiser ätherischer Tanz: Das Säuseln des Wollauts flüsterte zu mir hin, die Ahndung im Busen bürgte für das Dasein himmlischer Gestalten, aber das nachtbedekte Auge sah die Huldformen nicht. — Meine Brust athmete froher, freier.

Das

Das iſt nicht der lezte ſterbende Nachhall irdiſcher Tonkunſt; zu geiſtig klingen die
leiſe Schwebungen für dieſe Gehilfin be-
ſchränkter Naturſtimmen! — So rief ich, aber
die Luft wich vor der Bewegung meiner Lippen, und der beflügelten Worte beraubt blieben die Gedanken nur mein Eigenthum.

Doch Gedankenleſer ſehen ſie im Innerſten der verborgnen Bruſtwelt; und dieſelbe
ernſte Stimme rief aus dem Wolkenſchooſe:
Vertraue dem Geiſt auf der Erde, damit er,
der Wolkenhülle trozzend, dem Himmel vertraut bleibe: das Zagen der Söhne im Staub
macht aus ihnen Söhne des Staubes.

Da dämmerte die unterdeſſen immer dichter und ſchwärzer gewordene Finſternis im
belebenden Lichte; meiner auffliegenden Seele
ſchwebten hohe Strahlengeſtalten entgegen —
ich erkannte die Helden des Lichts: ſie folgten ſich in hehr-ſanfter Würde, huldvoller
Ernſt wohnte auf ihrer Stirne, himmliſches
Lächeln auf ihren Lippen. Himmelwärts blikten ſie ſtets höher aufſteigend: nur einen
Blick warf jeder zur Erde, und der ſagte:
das einſt meine Heimath, für ſie einſt mein

Stre-

Streben — dann kehrte sich das Auge zu der
folgenden Gestalt, als sey ihr die Sorge für
das begonnene Werk übertragen, und schnell=
mächtiger schwang sich der Flug des Verklär=
ten zum Empiräum. Und wie der ganze Zug
vorüber war, kehrte die rabenschwarze Dun=
kelheit über den Erdball zurück, aber deut=
lich hörte ich die ätherische Töne vom Dop=
pelgesang des Mäoniden und Klopstots in
erhaben = süßer Verschmelzung zu mir herab=
wallen.

Welterlösung und ihr Feiergesang heili=
gen die Ruhe des übrigen Lebens! rief ich
wieder unhörbar, nur von mir verstanden,
und dem Unsichtbaren, der allein in der grau=
sen Dunkelheit lebte und sprach.

Er sprach jezt wieder: die Ruhe des
Lichtboten ist — in der Thätigkeit.

Es dämmerte, dämmerte leise, dann
mächtiger! mächtig! Aus der dunkelsten Wolke
strömte das Licht, und die Stimme des Un=
sichtbaren rief aus der Höhe: der Schoos
der Finsternis ist des Lichtboten Wiege.

31. Die

13.

Die beide Ximenes.

Wie gerathe ich hieher? fragte ich mich selbst und blieb mir selbst die Antwort schuldig. Eine kleine, keine Zelle, nur mit dem Vegetations = und Busgeräthe des Mönchs geschmükt (aber man mußte selbst Mönch sein, um Schmuk darin zu sehn) umgab mich; an der kahlen Wand hieng über dem Gekreuzigten ein heiliger Franziskus, in einem Winkel lagen die vermoderten Reste einer Anwartschaftsbulle, im andern die Zeichnungen des Thurms zu Uzeda, und der Einsamkeit Kastanel.

Während ich — dem Geist der Zelle zuwider — in Gedanken verlohren war, schlich sich ein ernst = ängstlicher Mann herein: er trug ein dikkes Buch unter dem Arm, eine grose Feder in der Hand, das Kleid eines Themispriesters, und die Stirnfalten des genau abwägenden Fakultäts = Kasuisten. Aufmerksam übersah er den bald übersehenen Raum um mich her, ohne — mich zu sehn.

Mit

Mit Entzüken entdekte ich — nicht die Gigesgabe, nach welcher sich so mancher sehnt — aber die Gewisheit, daß ich nur der Idee nach in dem heiligen Kerker wohnte. — Mein Geist ist frei! rief ich, denn sein Körper fesselt ihn nicht.

In demselben Moment trat eine hohe, lange Gestalt ein. Ueber dem rauhen Gewand des Franziskaners rauschte Roms Kirchenpurpur: an dem dürftigen Mönchsstrik hieng das Schwerd, und unter dem Kardinalsbaret sah der Zepter hervor. Ernst blikte Torrelaguna's Erzeugter um sich: ruhig über den kleinen Alten mit dem Folianten hin, etwas befremdet auf die Stelle, wo ich unsichtbar stand — er ahndete, daß diese Stelle nicht leer sei, er suchte, was sie fülle, aber ich blieb ihm wenn gleich fühlbar doch unentdeklich. — Kalt wandte er das blizende Auge auf den sichtbaren Gast.

Willkommen, flüsterte dieser aus der bestaubten Kehle des Akten- und Bücher-Durchwühlers — willkommen! so lange schon freute ich mich, das Jahrhundert zu überspringen, welches zwischen uns lag.

Ihr

Ihr ſeid. — nicht vor mir gebohren, verſezte der feierliche Mönch-Miniſter.

Errathen — welche Gemüths-Konkordanz — welche Konkordanz dieſer mit der Namens-Konkordanz! O ihr wißt nicht — Eure Eminenz, wollt' ich ſagen, weis nicht — —

Schenkt mir die Eminenz des Titels, und laßt mir jene des Wiſſens —

O groſer! groſer Geiſt! rief der keine Alte, legte ſeinen Folianten dem Kardinal-Regenten zu den nakten Franziskanerfüſen, und kniete ſich hinter das Ruhm-Bollwerk. —

Ihr ſeid ein erzgelehrter Mann, fuhr lächelnd der Verbrenner des Korans fort.

O ja! weiſer, erhabner Stifter von Alkala das bin ich — und Ihr —

Mein? — (der Eroberer von Oran faßte den Mann in's Auge, welcher ſich mit ihm in Beziehung-ſezte; nicht Stolz, aber etwas ſpöttiſche Neugier wandelte in ſeinem Späh-blike.)

Ihr — Sie nehmen's nicht zur Ungnade! — Ihr Namensvetter!

Hm?

Hm? Mehr nicht? ſchien das immer ſpöttiſche Auge des Hörers zu ſagen, der Mund
ſchwieg.

Sebaſtiano Ximenes — Verfaſſer der
Konkordanz beider Rechte — hier — hier
liegen Werk und Verfaſſer zu Euer Eminenz
erlauchten Füſen in Demuth ausgeſtrekt —

Steht auf! ſteht auf! guter Herr Vetter.
— Die Zeiten ſind vorbei, da dieſer Fran-
ziskanerſtrik — (er griff zu dem Gürtel) die
ſtolzen Grandes zu Paaren trieb, und ihr
Stolz unter den ſchlichten Sandalen hier
erlag. — Ich bin jezt mehr als Fürſt und
weniger als Franziskaner — — ein Geiſt in
— der Buſe.

Buſe! — und ihr! Wollt ihr mich alſo
nicht protegiren?

Ximenes von Torrelaguna hob den knieenden Sebaſtiano Ximenes vom Boden, indem
er das Buch liegen lies, und führte ihn
freundlich genug zum Fenſter, das ſich plözlich wie von Zauberkräften berührt als ſtatt-
liche Thüre auf einen weiten Balkon öffnete.
Ich drängte mich unſichtbar den Namensvettern nach. In des kriegeriſchen Kardinals

Au-

Augen brennte neues Lebensfeuer, verschwunden war der Purpur, aber Oräns Lorber
umgaben sein Haupt, und der Harnisch um-
schloß die Mönchskutte, wie damals, als er
zur Mauren-Zertrümmerung auszog. Bäng-
lich trippelte der unbewehrte Rechtsgelehrte
neben dem glühenden Geiste, der mit rollenden Augen den Plaz durchlief und schaudernd
stolz an einer Batterie gegenüber haftete.
Die Kanonen waren gerichtet, mit dem Sa-
menfunken des Verderbens an der glimmen-
den Lunte ständen die Diener des Macht-
wortes bereit. —

Das ist die Macht — rief es aus dem
kochenden Busenkrater des hinzeigenden Ximenes — das ist die Machtvollkommenheit
vermöge welcher ich herrschte — und (sezte
er, sich abwendend, leiser hinzu) wieder
herrschen würde.

Laßt die gräßliche Konkordanz nicht er-
schallen, bat der zitternde Jurist.

Der Kardinal lächelte verächtlich. Wir
sind Namensvettern, sagte er verschwindend.

Der

Der arme Jurist kroch zu seinem Folianten zurük, pakte ihn zitternd auf, und schlich sich wieder aus der Zelle, indem er seufzte: Gott sei Dank! nur Namensvettern.

32.

Der Eulenpriester.

———

Heilige Regeln, so viel ihr wollt — ihr werdet doch nicht gegen die unheilige Einbrüche aufkommen. Erfindet ihr immer Ordnungen für eure Buse; so lang' ihr der Unordnung den Heuchelmantel nicht nehmt, hilft eure ganze Kunst nichts. Krähen, die unter Pfaufedern schwizen, Spinnweben lesende Kaligula's und Fliegen spiesende Domiziane sind Märtirer der Erbärmlichkeit. Merkt euch das, lieber Herr, und thut mir zugleich die Liebe, meiner in freundlicher Andacht zu — vergessen!

Damit gieng der Mann im Griechenkleid zur Thüre hinaus; ein anderer Mann in gothischer Tracht aber blieb ernst an seinem schwerfüsigen Tische sizen, rieb sich einigemal die Gegend des Magens mit flacher Hand,

Morfeus.   10   hielt

hielt den vollen Pokal gegen das Licht, tauchte
den erheiternden Blick in das goldne Bacchus-
bad; leerte den Pokal auf einen Zug, und
sagte dann getröstet verächtlich: der Eulenpriester!

Die Pforte gieng leise leise auf, und
eine grose grose Kaze schlich herein, auf
welcher eine kleine keine Eule sas. Der
Mann am Tische grüsste beide, als alte Bekannte — die Kaze sprang mit der krächzen-
den Last munter genug neben ihm auf die
Bank; die Bank krächte, der Mann lächelte
griesgrämlich, die Kaze schnurrte, er strei-
chelte sie, die Eule schrie, schwang sich auf
sein Haupt, sas dort wie zu Hause, der
Mann trank wolgemut die Gesundheit der
Ankömmlinge und trug die Minervenzofe so
geduldig und passiv stolz, als irgend ein
Wappenschild seine Helmzierde.

Das Trio sas schnurrend, keuchend und
trinkend in stiller Eintracht beisammen, als
der Mann im Griechenkleide zur Thüre her-
einsah, und rief: Migniaturtieger! Nicht
Athens Eule! unberauschbarer Berauscher!
— Er war hinweg, eh das erstaunte Trio
Füse

Füse für seinen Zorn fand; und als es sie
gefunden —

Welch sonderbare Verschmelzung erblikt'
ich! Auf leise leise schleichenden Kazenfüsen
hob sich der Eulenleib, auf welchem der Kopf
des einsamen Zechers stand; das gothische
Gewand hatte sich etwas modernisirt um Fe-
derbauch und Kazenschnabel, die Augen sprachen den Dreigeist des magisch-seltsamen Einen, uud in der Stimme mischten sich Mauen,
Krächzen und Flüstern.

Das gothisch-modern drapirte Ungeheuer
versteckte sich hinter der Thüre, um — vielleicht auf den Griechen zu lauern. Ich aber
schlich mich, so leis' es menschliche Füse vermögen, nach der verlaff'nen Trinkstätte, um
den Pokal-Waisen zu untersuchen.

Flüssiges Feuer qualmte in dem — kalten Glas. — Etwas zog mich zurük, als ich
die frostige Flamme kosten wollte. Der Mann
mit dem Griechenmantel stand hinter mir,
das hütende Aug auf dem zur Thüre hinaus-
lauschenden Ungeheuer, den warnenden Finger an der Lippe.

Willst du mit nach Athen? fragte er behend. 10* Das

Das Entzüken antwortete wortlos aus meinen Augen; seine Hand faßte meine, sein Wink rief stumm, eine Aetherwolke schwebte im Gemache, wir auf ihr — O mein großer Sokrates? rief ich, da sich nun der Unbekanute in den hehren Verkannten enthüllte.

Der Kazen-Eulen-Mensch sprang zurük, und umsonst nach dem Aether. „Ich erkenne dich troz deiner gothisch-thierischen Verkappung, Anitus," sagte der Sohn des Bildners und der Hebamme, „aber kein Aether trägt dich, Eulenpriester, obwol du das Geheimnis fandest, der Zeit und dem Lichte trozend den Pokal der Verfolgung und deine Menschenthierlarve von Jahrhundert auf Jahrhundert zu vererben. — Minerva's Priester züchtigen und verachten dich, du magst sie nun fällen oder nicht.

Die Kazenpfote hüpfte, der Eulenleib blähte die Federn, der Anituskopf grinzte — wir flogen!

——————

33.

Der Gros-Hoch-Frosch.

Ein grau-marmorner Dohm erhob sich aus
grünen Büschen, und auf der Rotonden-
Spize glänzte in der Abendsonnenglut eine
goldne Bildsäule. Aber hoch war der Dohm,
die Bildsäule klein, der Glanz blendend, ge-
blendet mein Aug — ich hob ruhig den Blik,
welchen die Neugierde zu dem Goldbilde gelenkt, von den flimmernden Höhen nach dem
dunkelblauen Lichthimmel, der hehr und mild,
glänzend und in stiller Größe empfangend,
dem aufsteigenden wol — nicht wehe that.

Aus sinnig-süßer Betrachtung wekte mich
die klappende Stimme, welche mir zurief:
Kleinlicher Schwächling, ohne Sinn für das
Erhabne! vom ersten Hindernisse abgeschrekt,
giebst du edles Beginnen auf, entsagst auf
die Glorie, mich zu kennen, und badest dich
idillisch-läppisch, in den gewöhnlichen Reizen
alltäglicher Natur. Hinweg da unten, oder——

Mein Goldbild schoß eine Art von Strahlen, welche von seinem Zorne mehr, als von

sei-

ner Macht zeugten. Ich lächelte, meine Hand
legte sich wie von selbst an den Dohm aus
Grau-Marmor. Er wankte!

Hat die mächtige Zeit über ihn geschaltet!
rief ich — Oder gehört er zu dem Monu-
mentenpöbel der drolligen Marmors, zu dem
Sand am Meere der Frechen? Entstand er an
Vegris kunstreicher Hand aus ungebildetem
Duftstein, nur zum Schein der Ewigkeit
ausgegossen?

Ich fragte mich noch, als antwortende Zerstöhrung das lügenhafte Ganze vor meinen Füsen niederstürzte; Pappe war, was Stein
schien; das stolze Bild aus gelbem Blech lag
schimmerlos und verkrüppelt am Boden. —
Also nicht einmal eine kanonisirte Marmor-
gruppe, welche von Steinherzen angeräuchert
wird? fragte ich, und aus den Trümmern
hüpfte mir ein Frosch entgegen, welchem ich
auf den ersten Blik seine Herkunft aus dem
Aesopischen berühmten Geschlechte ansah.

Da er mich ziemlich arrogant anglozte, so
theilte ich ihm meine genealogische Vermu-
thung unbefangen genug mit. Denn ich machte
mir keine Rechnung auf ein Deduktionshonorar.

Wie

Wie täuscht man sich in der Welt! An=
schwellend fuhr er mich mit — verhältnis=
mäßiger — Rauh=Grandezza an: Wie! nur
aus dem Geschlecht? nur ein Abkömm=
ling? Da ich doch der unsterbliche Urvater
selbst bin!

Ruhig, mein Lieber! ich sah' es an deinem
Aufblasen — Aber plaztest du denn nicht?

Nur vor sterblichen Augen. Mein inner=
stes, eigenstes Wesen ist unplazbar.

Hier also war dein — Monument?

Hier ist mein Tempel.

Zerfallen!

Zerfallen wie ich plazte — dem Schein
nach) — der erste Strahl der Morgensonne
fällt auf seine hergestellte Kupel und mein
Goldbild.

Dein Bild glänzte dort oben? —

Wohin deine verruchte Frevelstimme drang!
O ich kenne dich! und dich durch Entziehung
der verschmähten Herrlichkeit zu strafen, das
Heiligthum vor deinen profanen Schritten zu
schüzen, veranstaltete ich diese Verwand=
lung. Erkenne meine Gröse, und zittre vor
der

der Rache des Gros- und Hochfrosches, wenn
du nicht — bereu'st.

Ich erinnerte mich an die Gabe der Verwandlung, welche mir eine Fee als Pathen-
geschenke eingebunden. Dreimal strich ich leise
mit dem keinen Finger der linken Hand an
das rechte Ohrläppchen, während mein Gros-
und Hochfrosch immer diker anschwellend, immer impertinenter auf mich glozte, als frage
er mich, ob ich noch nicht bald fürchten werde.

Das magische Spiel war vorüber, mein
Ohrläppchen glühte, ein Funke sprang in die
hohle linke Hand, ich blies ihn aus, das be-
deutende Wort nennend, und siehe! da schritt
ich als Storch auf den dicken Glozer los.
Entsezt sprang der Gros-Hochfrosch über
Stok und Stein, nnd in die verborgenste
Winkel, wohin mein Schnabel ihm nicht folgen konnte.

Da legte ich das Storchenkostum wieder
ab, häufte Steine über die Pappetrümmer,
um den Unsterblichen des guten Aesops lebendig zu begraben, auf daß die Welt Ruhe
vor ihm habe, und schrieb auf den obersten
Stein des alt-römischen Stein-Denkmals eine —
Nul-

Nulle. Grundarme Marmors tragen sonst
gewöhnlich die reichste Inschriften; den
Bettelstolz der Kleingröße wollte ich mit einer mathematischen Allegorie feiern — sie ist
ohnehin selten genug.

Aber er ist wirklich unsterblich, Aesops
Gros-Hochfrosch — am andern Morgen standen Dohm aus Grau-Marmor und spannen-
langes Standbild wieder.

34.

Doppel-Ausstattung.

Betrachtend stand ich vor dem Bild mit Pelegrino Tibaldis Namen in der Borghesischen
Gallerie — des Werkes vergessend dacht' ich
des hohen Künstlers, und von der Schöpfer-
gestalt gerieth ich auf die Bewundererschaar,
von der noch höher als diese grose, wohnen-
den nur zu keinen Schaar auf das Ameisen-
gewimmel der Kleingeister und Grillenkrämer,
welche, der hehren Sache so leicht vergessend,
so gern im Sand einer Heroen-Fußtapfe wühlen, und den Sonnenblik nicht verlangend

noch)

noch ertragend, Goldkörner im verlaſſenen Staube ſuchen.

Ob du nun in Mailands Wiege ruhteſt, ſagt' ich halblaut, oder in Bologna zum erſtenmal die von dir zu verſchönernde Welt begrüßteſt, welcher Werth liegt darin für dieſe Welt, der du angehörſt, ohne Rükſicht auf die Pforte deines Eingangs! und welcher vollends für jene hohe, köſtliche, ſtrahlen-umringte, zu welcher dieſe irdiſche nur eine der untern Stufen iſt! Nein! die Menſchen bedürfen keines Beweiſes, als ihrer ſelbſt und ihres kleinlichen Thuns, um ſich zu überzeugen, daß noch mehr als ein Prüfungs- und Bildungs-Daſein zwiſchen ihnen und einem Himmel ſchweben muß, den ſie nur, weil ſie ihn nicht begreifen, wolfeilen Kaufs am Ende der hienieden durchträumten oder durchtändelten Laufbahn zu faſſen denken, wie Kinder, unter dem Baum ſpielend, die goldnen Früchte im Spiel zu pflücken wähnen.

Ein Geräuſch tönte plözlich hinter mir auf. Ich blikte um —

Jupiters mächtiger Adler ſtand mit dem ſchaffend-zerſtöhrenden Donnerkeil den Tauben

ben der Venus gegenüber, welche den zauberischen Gürtel ihrer Göttin lieblich-wach-
sam trugen. Die flammende Augen des Bliz-
trägers rollten nach Tebaldo's Bild; girrend
schienen ihm die freundliche Boten der holden Göttin zu rufen.

Bagnacavallo! rief eine Stimme. Wie in
Wettern flog ich auf dem Adlerrüken dahin, un-
ermattet schwebten die Tauben neben uns her.

Michel Angelo! rief eine andre Stimme,
da wir uns niederließen. Zwei hohe Schatten wanderten in weiten duftigen Hallen der
römisch-fränkischen Ludwigskirche — in ihrer
Mitte strebte eine Gestalt auf, die vom Jüngling die Form, vom Manne die Kraft, vom
Engel den Blik hatte. Sie strebte an der
verschränkten Hand der wallenden Genien auf,
und wuchs im Moment empor. Die Genien
sonderten die eng verbundne Hände, vereinigten sie von n uem, segnend auf dem Jüng-
lingshaupt, und verschwanden.

Der Adler nahte dem Jüngling. Mahler des
Odüsseus, sprach er, des Weisheits-Pallastes
Schöpfer, Sämann des Eskurials—den Strahl
der Stärke, des Erhabnen Flamme, die Glut
.des

des Schreklichen sendet dir der Vater der
Götter und Menschen.

Girrend schwebten die Tauben heran. Und
dem Inhaber der Kraft, sagte die eine, sen=
det Afrodite den Gürtel der Anmuth; des
Schönen süßer Zauber, flüsterte die andere,
sey ewig dein.

Auch die Götterbothen waren verschwun=
den. Gewaffnet und geschmükt stand der Jüngling in hohem Liebreiz; er schien sich reich in
seinen Gaben, doch nicht durch sie überrascht
zu fühlen, und sandte den Blik des Dankes
himmelan, den Schöpferblik auf der blühen=
den huldigenden Erde umher.

Korregio nahte lächend, und freundlich
reichte ihm Pelegrino den Gürtel entgegen.

Nicht ihn — schien die hold=zurükwei=
sende Miene des halbverwandten Geistes zu
sagen — nicht ihn, den ich schon kenne.
Aber die Hand nahte zögernd = begierig dem
Bliz.

Auch ihn bot der blühende Tibaldi gern
und edeloffen dem Erkannten.

Umsonst! Die Flamme nagt die allzuzarte
Hand. Antonio weicht zurück. Dreimal er=
neut

neut er den kühnen Versuch, dreimal vergeblich. Schmerzlich wendet er sich abwärts.

Pelegrino drükt ihn an das reiche Herz.
Die Tauben kehren girrend und tröstend zurük — Mein bist du, ruft Zipria's sanfte
Stimme, Korregio's Thräne versiegt, und im
Gefühl der Doppel=Ausstattung flüstert es
in Tibaldi's Brust: Sie ist mein, und ich
bin Jupiters.

35.
Das löbliche Küchenamt.

Der kleine, dike, glänzende Magus kniete
vor der knisternden Flamme; seine Lippen bewegten sich in einer Art von taktmäsiger
Uebereinstimmung mit seinen Händen: mir un-
verständliche Worte zischten, flammen=ähnlich
von jenen, während diese schöpferisch wirkend
die Schaar subalterner Geister in rastlose Thätigkeit versezten. Gnomen (denn wahrlich für
Silfen sahen sie allzu irdisch aus) handirten
in der Fülle des Pflanzen= und Thierreichs,
schürten in glühenden Kohlen, und klirrten

in

in der enziklopädischen Sammlung der töpfer-
nen Kunstwerke umher: ihnen zur Seite schaff-
ten und scheuerten, wuschen und puzten Anti = Silfiden mit glühenden Baken, thränenden
Augen und aufgeschürzten Gewändern. Eine
Welt des regen Treibens und Thu'ns umkreißte
den Zauberer mit weißer Schürze und — eben
nicht frigischer — doch in ihrer Art zierlicher Muße. Ich heftete meine Augen auf den
Wunderthäter, der aber keine für mich hatte, nicht einmal Ohren für meine Fragen.
Die Vergangenheit lehrt mich, flüsterte er zulezt wichtig, die Gegenwart dient mir, und
feiernd soll mich die Zukunft nennen — feiernd! wiederholte er nachdruksvoll, und
sehnsüchtig! — in die Triumflieder werden sich Klagen mischen, die Preisjubler sollen mir Töne des Vermissens darbringen, und
rufen: O wär' er doch der unsterbliche S.
Germain gewesen! Könnten wir die Hälfte
unseres Lebens dahin geben, um in der andern von ihm gemästet zu werden!

Ein ernster Mann trat herein — die Sorge für ein Reich hatte seine Stirne gefaltet,
Berechnung wohnte in seinen Bliken, ein

Fir-

Firmament voll Sterne auf seinem Kleid,
Diener mit Papieren, Gehilfen mit Briefta-
schen eilten vor, neben und hinter ihm her.
Alles beugte sich tief vor dem mächtig schei-
nenden, nur der Magus nicht, nur vor dem
Magus beugt' er sich selbst, und dreimal, und
immer tiefer. Nachläßig nikte der Zauberer
der dritten Begrüßung vornehm kalten Dank,
und flüsterte: Regieren Euer Exzellenz nur
ruhig — Das Diner wird vortrefflich. Entzükt schlürfte der ernste Mann einige Tropfen Nektar aus dem Löffel-gestalteten Zepter des Magus, hoffnungsvoll überflog sein

Nase im Opferdampf Ahndungen mittäglicher
Seligkeit, und gewaltsam riß er sich von den
Schmausblüthen los zu den Geschäftsdornen,
die seiner warteten.

Der Despot mit der weisen Schürze und
Müze sah dem Scheidenden heroisch nach.
Ohne Worte war in den strahlenden Zügen
zu lesen: „Mir zollt der Millionenführer!‟ und
von neuen Zauberkräften belebt, drehte sich die
handirende Welt in gehorsamen Kreisen um ihn.

Himnen ertönten, fromme Gesänge mischten

ten sich abwechselnd in den höhern Klang,
das Gewimmel nahte, von Rauchfässern begleitet und Kerzen umflakert, trat ein ehrwürdiger Ordensmann im feierlichen Schmuk
ein. Alles warf sich vor ihm nieder, reichte
gefaltene Hände empor, und harrte des seg-
nenden Worts. Nur der Magus blieb un-
verändert und kummerlos in der alten Stellung. Langsam schritt der Ordensmann durch
die harrende Reihen, freundlich und immer
freundlicher nahte er dem Magus, lächelnd
stand er vor ihm, und sagte dreimal: Sei
mir gegrüßt, mein lieber Sohn. Nachläßig
flüsterte, die Nektartropfen im Zepter rei-
chend, der Zauberer: Wallen Euer Gnaden
nur in Andacht weiter — Das Diner wird
himmlisch. — Behaglich war die weissagende
Labung geschlürft, das ominose Prasseln der
Flammen vernommen, das schnell und for-
schend vorübergleitende Aug von den Pro-
fezeiungen des reichen Zauberalters zurükgekehrt; unbehaglich schied der fromme Wanderer von dem Blik in's gelobte Land, und sezte
die zögernde Wallfahrtsschritte fort. — Unter der Thüre blikte er noch einmal um.

Der

Der Schürzen- und Müzen-Despot lies auch ihm den herrischen Blick folgen. In seiner Sele murmelte es „ten Segenspender segne ich!" Er schwang den Zepter, und seine dienende Welt betrieb es ämsig wie zuvor, und womöglich noch ämsiger, das grose Werk dampfte der Entwiklung entgegen.

Da rollten Trommeln, Waffen klirrten, Pferde stampften und wieherten, eisern drängte sich die rasselnde Schaar der Kämpfer herein, hinter ihr der Heerführer im Schmuk der Kraft und des Siegs. — Zitternd lagen Gnomen und Gnomiden am Boden, die Flammen brannten schüchtern dunkler, das Knarren der Räder stand, bang horchte alles, um schnell zu gehorchen. Nur der Magus blieb in kalter Ruhe von auffen und begeistertem Leben von innen. Die eisen-starrende Schaar öffnete sich, der Held trat gleich der heissen Sonne aus Wolken, aber mild bei den bebenden Knieen vorüber, milder und immer milder zu dem Magus, dem er dreimal die Hand drükte. Mürrisch sah dieser endlich auf, und flüsterte: Liefern Eure Erlaucht nur Ihr Treffen — das Diner wird glorios. — Rasch trank der

Krieger die Zeptertropfen, selbst flammend sah
er in die heis auflodernde Opferflamme, hef=
tig sog und musterte er Duft und Ansicht des
Heiligthums; mit funkelndem Blik stürmte er
samt seiner Begleitung von dannen.

Im herrischen Nachblik des Müzenzau=
berers sprachs: „dem Furchtbaren gebiete ich.‟

Sanftes Gekos kündigte neuen Besuch
an. Einige Herren mit holden Mienen, ein=
facher Kleidung und schlichtem Wesen zeig=
ten sich, freundlich begrüsend, am Eingange.
Alles lächelte, unwillführlich von Simpathie
ergriffen, ihnen zu; die Gnomen eilten ihnen
entgegen, die Gnomiden ordneten Kopfpuz und
Gewand. Aber der Magus erhob sich zum er=
stenmal aus seiner bis jezt unveränderten La=
ge, schwang den jezt nektarlosen Zepter, und
rief dräuend: Von dannen! von dannen!

Wir sind Menschenfreunde! lispelten ei=
nige der Herrn, indeß ihre lüsterne Blike
rekognoszirten.

Wißbegierige Wanderer, sezten andere
hinzu; der wässernde Mund versagte mehr
Worte.

Lieb=

Liebhaber jeder nützlichen Kunst! belehrten jene, und lechzten.

Und der schönen Künste! verbesserten diese und wischten den elektrischen Mund.

Von dannen! rief der Magus — Ich kenne euch! — Mein Zepter kann euch vertilgen.

O nur ein Paar Tröpfchen Aethers-Vorkost! nur ein Paar kleine Himmelsbothen!

Nicht eines! Wartet, bis das Diner fertig, und von den Sonnen beseßt ist; dann mögt ihr Schatten kommen. Wol gesprochen! dachte die Schatten hassende Gnomenschaar.

Trostlos schlichen die Schmaroßer davon, und ärgerlich sagte der Magus mit der Schürze: So kann nicht einmal das löbliche Küchenamt in seinen Geschäften ungestört bleiben! So schwer machen die Menschen das Wirken!

Drei neue Stimmen riefen vor der Thüre: Du mußt — mußt herein — wir lassen dich nicht: so lange schon forschen wir nach dir, dich an diese heilige Stätte zu bringen; so oft schon entgiengst du uns — jezt, jezt, lassen wir dich nicht. — Du Lehrer des Genus-

ses,

ſes, mußt den Weihrauch unſers Tempels
empfangen!

Wie vom Bliz getroffen, aber vom Bliz eines wärmern Lebens, fuhr der keine dike glänzende Magus bei dem erſten Ton der wolbekann-
ten, heiligen Stimme empor. Ordnung! rief
er — Ordnung tiefer Ehrfurcht und hinge-
gebnen, opfernden Wirkens; die Götter er-
ſcheinen! — Seine Gnomenwelt bewegte ſich
in andächtiger Inbrunſt; er ſelbſt eilte nach
der Thüre und öffnete tief gebeugt.

Die drei Apiziuſe erſchienen dem Anbe-
teuden; in ihrer Mitte — Epikur; männlich
die Zudringlichen zurükweiſend, verächtlich
über ſie hinblikend. Sie hatten ſeinen Mantel zerriſſen, doch ſeine Grundſäze nicht. Dafür gehörte er aber auch zu den Filoſofen,
welche des erſten nicht für die andere bedürfen.

Du biſt alſo doch der Pedant — ſagte
der ſillaniſche Apizius höniſch lächelnd.

Für welchen wir dich nicht hielten — fuhr
der trajaniſche fort, und lies ihn los.

Und die Welt ihn nicht hält, fiel der
auguſtiſch-tiberiſche ein. Laßt den trübſeligen
Filoſofen, der eine Wolluſt des Geiſtes er-
dich-

dichtete, keiner wahren Luſt zu genieſen ver=
ſteht, und dennoch von Zeitgenoſſen und Fol=
gewelt verkannt wurde. Und alle ſeines Glei=
chen treffe gleiches Schikſal!

Mit ſtolzem Himmelsblik zerfloß Epikurs
Geſtalt zwiſchen den Erdgeſellen, und ſein
Geiſt ſchwebte nach den Himmeln, indeß ſie,
als angebetete Götter in den Tempel des klei=
nen, diken, glänzenden Magus traten, und
dem trefflich=himmliſch=glorioſen Diener den
Segen der Vollendung verliehen.

36.

Proviſoriſches Bewußtſein.

Der ſchöne Abend ſtreute ſeine Purpurloken
über den Horizont, Zefir ſpielten in den Lo=
ken des Hains, und frohe Menſchen wie lä=
chelnde Kinder im Schooſe der Mutter; ein
reiches Thal empfieng unſre Blike; und von
ſanften Feſſeln umfangen lieſen wir uns von
ihnen nach dem blühenden Hügel herabziehn.
Unten begegnete uns ein rieſelnder Bach, Nach=
tigallen ſangen in ſeinen Büſchen, wir lager=

ten

ten uns zu den duftend winkenden Blumen.
Das unſichtbare Aufglühen der Andacht aus
dem Menſchenherzen zum Gottesſiz iſt höchſte
Geiſtesfeier — ſo fühlte ich, und ſagte es
nicht; — auch von Menſchen umringt —
hätt' ich es nicht geſagt — weil das Herz,
welches, eben ſo fühlend, mich verſtand,
da nur mein Aug aus dem Herzen zu ſeinem
Herzen ſprach.

Eine Flöte tönte vom andern Ufer des
Bachs herüber — wir blikten um uns und ſa=
hen — den reichen Dulon, ihn, reich durch
alles, was er, unentbehrend, mißt, und das
Gemißte erſezend, aus der Tiefe des Daſeins
und menſchlicher ewiger Anlage neu gewinnt.
Winken konnten wir ihm nicht, aber konnten
wir es auch, wir hätten ihm nicht gewinkt,
um ihn zu hören, zu haben.

Aber mit ſtammelnder Dreiſtigkeit — (ſie
gleicht dem lahmen Läufer, der wenigſtens
Schärpe und Kasket trägt, als könne er lau=
fen) trat eine gebükte hagre neidgelbe Ge=
ſtalt ſchleichend zu dem holden Apollsprieſter,
und ſprach: die Menſchen fliehen, was ſie
erzeugen: ſie rufen dem Glük und brüten den
Jam=

Jammer: fuchen und wissen nicht zu finden.
Wozu, mein Freund, diese schmelzende Töne
ohne Gehalt? Wozu die Klagen aus dem
Holzschoose, da des Elends so viel in der
Welt ist, und doch die Nachtigal, welche Sie
stumm geflötet haben, noch viel schöner flö=
tet, als Sie? wozu? Ich wünschte Ihnen zu
Ihrer ganz ehrenwerthen Geschiklichkeit mehr
Geschmak.

Der reiche Blinde, in dessen Zügen sich
die stille Freude mahlte, den korrekten Wüth=
rich vor sich nicht sehen zu können, versagte
ihm auch sein Weithgehör, und zauberte in
stiller Schöpferwonne und wonniger Tonfülle
das wortlose Lied der innigen Seele.

Strenge lakirt gern die Larve des Gräuls
wie der Dumpfheit, sagte ich im Innern, wir
vergasen den Unhold über den süsen Modu=
lazionen, die aus dem Geisterreich in die ver=
kärte Welt schwebten.

Wie kostbar! grinzte der Abkömmling der
dürren Invidia — o wie sich umhertreibend
in fernen Regionen, wofür uns der Sinn
fehlt! wie gespannt und unnatürlich! — Der
Himmel gebe —

                                   Dir

'Dir den Aufenthalt im Stir! rief ich dazwischen. Er fuhr empor, schoß Titular= blize aus den schwindsüchtig matten Augen, und griff nach einem Köcher, der über dem gebükten Rüken schlotterte. Aus der Schule war mir die Form des Pfeilbehälters als Ka= ravanserei der — Schreibfedern bekannt: ich lächelte.

Da stieg vor uns aus dem Boden die scheusliche Invidia selbst. Bleich, ausgetrok= net, klappernd entkroch sie leichenähnlich den Erdschollen, die verwüstend den blühenden Rasen bedekten; die unsteten Blike ihrer gel= ben Augen flohen unter grauen Wimpern vor festem Antliz zurük, und spähten Meuchel= mördern gleich seitwärts aus der häßlichen Höle, ihre schwarzen Zähne knirschten; der Misgunst Krampf zerrte die grüne Brust, und die zerstöhrten, grinzenden Züge schienen nur das Lächeln über fremdes Leiden zu kennen: nein! nimmer sank auf die welke Gestalt bal= samischer Schlaf; im kalten Schoos oder Mit= ternacht sammelte sie ihr Gift, und die Eis= küste der Erde waren ihre Lieblingsheimath.

Ich

Ich bin die Tochter der Pallas und des Stix, krächzte die Scheusliche — Götterleben glüht in mir — wer untersteht sich, meinen getreuen Anhänger anzutasten? die Schlangen meiner Haare sollen ihn züchtigen.

Aber Dülons Zaubertöne zähmten die Schlangen, die Federpfeile des hagern Unholds fielen wenig Schritte vor seinen Füsen nieder, Invidia war durch unser ruhiges Aug an den Boden gebannt. Zürnend strebte sie sich loszureissen, eilend und zischend bot ihr der Jünger den Arm. Ich entsann mich im entscheidenden Augenblik neuer Waffen, und griff behend in die Tasche, welche gewöhnlich alles das enthält, was ich lesen mus und gern vergesse; gelesen haben sollte, und immer nicht ende, weil ich es immer wieder anfangen mus.

Zwei Bändchen fielen mir in die Hände — und o Wunder! als ich sie an's Tageslicht brachte, hoben sich die Federpfeile des magern Unholds, wie Magnet beherrschtes Eisen vom Boden, flogen rasch, aber friedlich, nach den geliebten Kindern der eignen Schöpfung, umkränzten sie liebkosend, und

zwit-

zwitſchernde Stimmen erſchallten aus den
Büchleins, Dulons Flöte verſtummte; die Nach=
tigal, ſagte er, begleitete ſingend meinen Ge=
ſang, doch dieſe Sperlinge tödten ihn krei=
ſchend. — Er verſchwand.

Ahnungsvermögen hies mich die Kinder
der Sperlingsſchöpfung nach dem verbünde=
ten Dürrpaare vor uns ſchleudern. Pallas
und Stix! riefen ſie, welch Entſezen! Invi=
dia zog den Liebling mit ſich nach dem Dun=
kelſpalt aus dem ſie empörſtiegen! — Der
Spalt klappte knarrend zuſammen.

Und wir riefen ihnen nach: Ruhet im
Frieden, wenn es euch der Mittelmäſigkeit
nagend Gefühl, und fruchtloſer Drang nach
Beklekſung des Höhern geſtatten.

37.

Epaphus.

Der ſchöne Schwan ſtieg an das Land, und
blikte mich freundlich an.

Biſt du nicht, fragte ich den edel lieb=
lichen — biſt du nicht Ziknus ſelbſt, der —
— — ? Ein

Ein blühender Jüngling stand vor mir. Ich bin's, sagte er traurend — ja, ich bin der unglükliche Freund des ewig betrauerten Faeton, der von den Zinnen des Himmels stürzend in den Fluthen erlosch.

Die Fluthen schienen in die Klagen des jammernden Freundes stärker zu rauschen; die Ufer erseufzten in unterirdischer Erschütterung, und die Wipfel der Bäume senkten sich zum bebenden Boden.

Wild und trozig schwebte in leichter Barke auf den tanzenden Wogen ein anderer Jüngling. Lausche meinem Feinde nicht! rief er mir zu; er ist ein weichlicher Mensch, der alles mit seinem Gefühl anstecken möchte. Jupiters Sohn Epaphus bin ich, und stürzte den tollkühnen Faeton, der sich, gleich mir, ein Göttersohn zu sein vermas. O er wollte den Adel der Herkunft hoch oben auf dem Sonnenwagen beweisen — der Schwächling! Er griff in die Zügel des Welterleuchters — er büßte, er fiel — aber ich siegte, und lebte, und lebe noch — Sieh! wie ich der schäumenden Wogen spotte — o sieh! Ich bin ein Göttersohn.

Aus

Aus dem ſtarren Staunen niederdrüken-
der Ueberraſchung erwachte Ziknus zu glühen-
dem Zorne! — Seine Blike faßten flammend
den Feind, ſeine Lippen zitterten, zur Erde
ſank ſein Knie, zum Himmel falteten ſich ſeine
Hände, und die Stimme innigen Gebetes rief:

O groſer Zevs — wenn einſt der Strahl
deiner Macht zur Rettung der Welt den erlauchten Freund ergreifend, ſein edles Leben
im naſſen Grab' endete, o! ſo erbarme dich
jezt des ſo lange jammernden Ziknus! räche,
o räche ihn, in ihm den Freund!

Die Himmel öffneten ſich, krachend ſtürzte
der Donner dem flammenden Bliz nach, Dunkel umgab mich auf der wankenden Stätte.
Und da heiter der Himmel, ruhig die Erde
war, ſah ich den Kahn des Epaphus nicht
mehr, nicht mehr ihn ſelbſt; aber der ſchöne
Schwan ruderte triumfirend auf ſpiegelglatter
Fluth, und trug eine Flaſche an goldner
Schnur im Schnabel — den er, mir nahend,
öffnete, und die Flaſche an's Land werfend,
ſprach: Hier ruhe im Sand der eingekerkerte
Geiſt des Feindes — lauſchen und zagen mag
er hier, unter dem Zauber-Siegel, vergehn
möchte

möchte er gern' und vermag es nicht, um ver-
nichtende Buße, wird er unhörbar flehen, oder
um zerstörende Güte — umsonst! umsonst! bis
nach langen langen Jahrhunderten pedantische
Magier über die Flasche gerathen, sie entsie-
geln und — er spuken geht.

Der Schwan verschwand — Auf meinem
Zimmer saß ich erwachend, und hatte noch
die aufgeblätterte Abhandlung über das Epa-
venrecht vor mir.

38.

Paroxismenpfad.

Lautes Becherklirren scholl aus dem erleuch-
teten Sale; rauschende Musik wirbelte darein,
verwirrte Stimmen zerrissen die lärmende
Harmonie: Himnenton gab sie, aber Bachan-
ten-Schall wurde daraus.

Im wankenden Licht erblikt' ich von un-
tenauf kolossale Gestalten. Ist man groß
dort oben, fragte ich mich selbst, oder scheint
man es nur? Ich will es wissen — das Licht
will ich sehn, dann die Schatten beurtheilen.

Da-

Damit verlies ich die freie Rotonde vor dem Pallaſt, welche das ewige Sternenlicht beleuchtete, und ſchritt raſch die Marmor‑ſtufen hinan. Bald verlohr ſich die Helle, welche von auſſen auf ſie fiel, im Dunkeln begann ich vorſichtiger zu ſteigen — nur ein‑zelne verlöſchende Funken begegneten mir hie und da. Sind die Fakeln auch verloſchen, welchen ſie entſprühten? fragt' ich wieder. Haben die Rieſen da oben alles Licht an ſich gezogen?

Plözlich faßte mich eine Hand, wehendes Rauſchen vernahm ich neben mir. Mein be‑troffner Blik fiel auf den unbekannten Nach‑bar. Edel‑gros ſtand er in ernſten Gedanken; aus den dämmernden Zügen, welche der Helm halb verbarg, ſtrahlte ein Heldenaug, Hel‑dengeiſt. Mir wurde wol in dem Innerſten der Bruſt.

Du willſt wiſſen, ſagte die Stimme einer andern Welt, ob die da oben gros ſind, oder ſcheinen? Komm' mit mir — wir wol‑len es gemeinſchaftlich unterſuchen — Er be‑wegte ſich vorwärts.

Ich folgte der unerklärbaren Gewalt, die

sanft

sanft furchtbar und feierlich milb ergriff.
Wir stiegen schnell die finstern Marmorstufen
hinan. Wo ein Geist leitet, ist es immer
hell genug zum sichern Raschwandeln. — Ach!
nur zu oft fallen die Menschen, weil nur die
Körper fliegen.

Es lebe — lebe das Grose! es lebe!
schallte es uns unter Becherklirren, Musik-
brausen und Menschengetöse aus dem Saal
entgegen. — Wir traten in die von selbst
aufspringende Pforte.

Der erste Blik zeigte uns Menschen gewöhnlicher Gröse; ber'm zweiten schwanden
sie schon um Zolle, und jeder folgende nahm
ihnen im zauberhaft vermindernden Verhältnisse mehr — zulezt hüpften winzige Men-
schenmodelle vor unsern Augen. Aber nur
meine waren erstaunt. Ruhig und stets feierlich gros, aber immer mitleidiger, je kleiner
die Gestalten wurden, sah mein verhüllter
Gefährte auf sie. Ich konnt' ihn jezt ge-
nauer beobachten. Im einfachen Kriegs-
schmuk stand der Heros da, seine Linke fal-
tete den Mantel, der seine Rüstung bedekte,
die Rechte drükte sich fest auf die Brust.

Pig-

Pigmäen! sprach er verächtlich halb-laut. Aufruhrtosen regte den wimmelnden Haufen, der sich von seiner abnehmenden Gestaltung nichts träumen lies; Glutäuglein blizten aus Zwergengesichtern.

Welche Frevlerstimme schändet das Heiligthum! riefen sie —

Hier wohnt Grossinn und Heldengeist! unterbrachen sie andere — Und von Pigmäen wagt man zu sprechen! — Sie zogen Schwerter, in ihrem Sinne — wir sahen nur Nadeln.

Für unsern Ruhm unser Leben! riefen nun alle, und die komische Waffen blizten in allen Händen.

Wol! sprach die ernste hohe Gestalt einer andern Welt — wol!

Alle entdekten uns, fuhren auf, fuhren zurük, ballten die kleine Fäuste, liesen die kleine Waffen sinken, blökten in kleiner Wuth die Zähne, und nur ihre Angst schien gros.

Der Geist lies den Mantel aus der Linken fallen, und die Rechte von der Brust. Tief stekte in dieser ein Pfeil — die feindliche Sehne, welche ihn so mächtig in den

festen

feſten Buſen warf, mußte darüber zerriſſen
ſein.

Zieht in heraus, Helden! ſagte er —
mein Leben ſtrömt ihm nach — ich habe genug gelebt, mein Vaterland ſiegt: Leuktra und
Mantinea bleiben dem Geliebten und mir!

Epaminondas! rief ich auf ihn zuſtürzend.
Er winkte mir Ruhe.

Aber ſchon floh’ die Pigmäenſchaar in
wildem Entſezen. Am Boden floß aus um-
geſtürzten Bechern das Rebenblut, die krie-
geriſche Muſik war verſtummt, keiner ver-
mochte den Anblik des Helden und ſeines
freien Weilens zwiſchen Leben und Tod zu
ertragen. Wir waren im ſchimmernden Saal
allein.

Du wollteſt wiſſen! ſprach Epaminondas
— du weißt nun, ſezte er bedeutend hinzu.

Ich ſah’ Schatten.

Er zog den Pfeil aus der Wunde, gab
mir ihn lächelnd und verſchwand.

Ich küßte die Heldengabe. Paroxismen-
pfad taugt nur für das Sinnenrevier! rief ich
tief bewegt; zur Höhe des Heros führt er nimmer.— O daß du verſchwandeſt, hehrer Geiſt!

Hei-

Heilig flüsterte es von oben: Der hehre Geist verschwand nicht, neu lebt, er in irdischer Gestaltung, nur bei Pigmäen such' ihn nicht!

39.

Der Brunnen der Verläugnung.

Noch war die Strase öd und verlassen — Ich gieng über sie hin, ohne zu wissen, wie und warum ich dahin gekommen. Ein Greis begegnete mir, der sich langsam an der Krüke fortwand. Ich eilte vorüber, er rief mir nach.

Als ich mich umkehrte, sprach er mit warnenden Bliken: Geh' nicht so schnell aus der Heimath des Schlafes, ohne den Durst gelöscht zu haben, oder hast du ihn nicht gelöscht, so eile noch, noch schneller nach dem Brunnen der Verläugnung, und trinke.

Du hast wol schon, so früh' es auch ist, zuviel getrunken, guter Alter!

Für mich ist es spät, spät; doch wandre ich täglich zum Brunnen, oder lasse mir seine köstlichen Tropfen in meine Hütte bringen.

Wo

Wo find' ich ihn?

Jedermann weiset dir ihn nach — Aber ich schweige davon, denn ich trinke schon lange daraus.

Lachend gieng ich weiter, so ernst und warnend mir auch der Greis mit Kopfschütteln nachsah. Unstät und Gedanken schmausend schweift' ich in der freien Natur umher, bis mich die heissere Sonne nach den Schatten des Hains wies.

Auf seinen Mäanderpfaden begegnete mir ein ämsiger Mann, auf dessen braunen Wangen und staubigen Kleidern das Zeugnis weiter, mühsamer Reise ruhte. Ich übersah' ihn, und das flüchtig, und eilte weiter nach dem mir wol bekannten, oft besuchten Lieblingsplaz unter dem Eichenkreis in Mitte des alten Forsts. Bald rief mir der Mann nach.

Als ich mich umkehrte, sprach er mit funkelnden Augen: Geh' nicht so schnell im gefährlichen Waldschatten, hast du noch nicht aus dem Born der Verläugnung getrunken: eile ihn aufzusuchen, eile, denn der Ungeheuer werden dir viel hier begegnen, welche nur des gesättigten Trinkers schonen.

12*   Un=

Ungeheuer! du ſcherzeſt! Kenne ich doch
dieſen Wald ſo gut; jedes verborgne Dikicht
hab' ich oft beſucht, ſtille ſelige Tage unter
den geflügelten Sängern, ſternhelle Nächte
in ſüſem Schlummer und wachen Träumen
auf ſeinem blühenden Raſen himmliſch ver-
lebt, und nie ſah ich die dräuende Schreken,
welche du mir weiſſag'ſt. Du haſt wol zu
tief in den Waſſern deines Borns geſchöpft,
ehrlicher Pilger.

Zu tief! zu tief! Nicht tief genug kann
man aus dem flüſſigen Kriſtall ſchöpfen. Täglich trinke ich ihn mit vollen Zügen.

Wo find' ich ihn?

Jedermann weiſet dir ihn nach. Aber ich
ſchweige davon, du nimmſt mir zuviel von
dem köſtlichen Schaz, kennſt du ihn erſt.

Spöttiſch lächelnd gieng ich weiter, und
achtete nicht auf das unwillige Gebehrden-
ſpiel des Mannes, der, ſo oft ich nach ihm
umblikte, mir mit zürnenden Bliken begegnete. Erfreut kam ich zu dem dicht beſchat-
teten Eichendom, behaglich lagerte ich mich
in den Veilchenraſen, Bilder und Ideen um-
ſchwebten mich freundlich unter dem Konzert
der

der Vögel, sanfter Schlummer beschlich mich
zulezt so leise und lieblich), daß ich unter hol=
den Träumen das Rieseln der Quelle neben
mir nicht verlohr.

Im freundlichsten Abendstrahl, der schräg
durch das lispelnde Dikicht auf mein sich öf=
nendes Aug mit sanfter Glorie fiel, erwachte
ich, und folgte nun dem sich entwikelnden
Labirinth nach dem Ausgang des Hains. —
Die sinkende Sonne glänzte mir am Rand
der Bergspizen entgegen; in ihrem Schimmer
kam singend ein Gold=lokiger, reich gekleide=
ter Jüngling auf mich zu — seine Schritte
tanzten über die Wiese, sein loses Gewand
flatterte im Lufthauch, eine Zither hieng über
den Schultern, in seinen Händen hüpfte ein
Blumenkranz. Mit freundlichem Grus eilt'
ich ihm vorüber, ich wollte die Sonne noch
einmal auf der Hügelspize erreichen. Bald
rief mir der Jüngling nach.

Als ich mich umkehrte, sprach er mit
lächelnder Miene: Eile nicht so sehr, Freund,
den Berg hinan, wenn du nicht vorher dei=
nen Durst im Wunderwasser gestillt. Hast
du dies nicht, o so fliege nach dem Brunnen
der

der Verläugnung, und sauge sein Silbernaß mit geizigen Zügen. Ausserdem ergreift dich auf jener Spize wilder Schwindel, und du stürzest in den Abrund.

Berg! Abgrund! du träumst — Ein freundlicher, harmloser Hügel ist es, welchen ich sehe; er senkt sich grünend zu fetten Triften, wo scherzende Heerden weiden, und das Lamm um die Mutter springt. — So oft schon belauschte ich dort das lezte verglühende Abendroth, Stunden der Weihe schwebten auf seiner Sammethöhe über mein Haupt hin, und ich frohlokte mit den tausend Stimmen der Natur um ihn her. Die Wellen des Wunderborns haben dich wol in sonderbaren Taumel gewiegt, guter Jüngling!

O seliger Taumel! daß er nie mich verliese! Er erst macht die Welt schön! und die Stunden meiner Weihe verfliesen am Rand des Brunnens, der himmlische Zauber sprudelt.

Wo find' ich ihn?

Jedermann weiset dir ihn nach. Aber ich schweige davon — selig sind die Besizer,

selig

selig die schweigend Wissenden!! Suche du
nun, auch ich mußte suchen.

Ich gieng laut lachend weiter, ohne
mich um das rege Treiben des Jünglings
hinter mir zu kümmern, der im stolzen Rausch
der Freude und des Rechthabens mir rief,
und winkte, so oft ich nach ihm umblikte;
Im Glutmeer des Abendroths lauschte ich
dem immer leisern, leisern Verhallen der
entschlummernden Natur, und wandelte froh
gemuthet unter Nachtigalsang und Sternge-
flimmer nach der Heimath zurük.

Die schönste der Nächte umgab mich,
und leise hob sich in Osten der Mond, Silber auf meinen Pfad streuend. An dem lieblichen Gefährten stiller Stunden und Geister
hieng mein dankend = sinnender Blik, und
mein Schritt stokte. Da athmete blühendes
Leben zu meiner Seite: mein Aug sank vom
Firmament zur Erde. Ein holder Knabe
stand vor mir; jeder Reiz des sprossenden
Daseins schmükte das schöne blauaugige Wesen im azurnen Gewande, Blumen kränzten
sein Haupt, seine Hände hielten Rosen und
Lilien. Ich nikte ihm freundlich. Du hast
dich

dich verirrt, süßer Knabe, sprach ich — komm'
mit mir!

O nein! flüsterte er, machte sich sanft
los, und schwebte weiter. Ich sah ihm betroffen nach.

Du wandelst, sagte er leise zurükkehrend,
in dunkler Nacht, und hast nicht vom Born
der Verläugnung getrunken? O eile schnell,
schnell zu ihm, und lösche den Durst, daß
die mitternächtliche Geister und schadenfrohe
Gespenster deiner schonen, welche dich bei
jedem Schritt erwarten.

Auch du? rief ich erstaunt. Auch du,
liebliche Knospe des Daseins — versink'st in
den düstern Träumen des gestöhrten Lebens!
Täglich wandle ich diesen Pfad im Geleit
der freundlichen Nacht, nimmer betraten ihn
Erscheinungen des Schrekens — du hast dich
berauscht, armer Knabe, und wanderst nun
irre!

Irre! scherzte er hüpfend — irre du
selbst. Götterfunken tanzen in meinen Adern,
und Segen des Brunnens begeistert mein
Herz.

Wo find' ich ihn?

Jeder-

Jedermann weiſet dir ihn nach. Aber ich ſchweige davon — bin ich ſchon ein Kna- be, doch ſchweig' ich davon.

Ich wollte mich der kleinen Hand be- mächtigen, den Verirrten zurükzuführen. Um- ſonſt! er riſſ ſich los und floh. Wehmüthig lächelnd gieng ich, ſtand wieder, ſah zurük, und rief. Nach dem Brunnen! rief er — nach dem Brunnen — und verſchwand im flüchtigen Lauf.

Um die buſchige Eke bog ich, gedanken- voll über die vier Waller, die mich dieſer Tag begegnen laſſen. Da entdekte ich am heftigen Sprudeln den bis jezt nie geſehenen Brunnen. Am Rande lag ein Kamel auf den Knien, den langen Hals vorbeugend, und das ſprudelnde Naſſ mit heiſſem Magazindurſt einſaugend; den Halfter des gierigen Un- holds hielt eine Pagode mit Rieſenkopf und Zwergenkörper; ſchlundähnlich öffnete ſich ihr Rachen, die Augen wakelten raſtlos, und auf ihren Schultern ruhten die Füſſe einer — ich fühlt' es — nur ſogenannten Göttin, die ſchlank und glatt wie ein Aal, ſprühenden Luchsauges, witternder Naſe, horchenden Ohrs,

Ohrs, mit falschem Schmuk auf einem Gewande von Kamäleonshaut bedekt, auf Ne-
belwolken mit Regenbogenfarben thronte, und
vor ihr altes Hexengesicht die niedlichste
Larve stekte, sobald sie meine Schritte vernahm.

Komm', lieber Sohn, lispelte sie durch
die Fistel, während das Kamel den Schlan-
genhals augenbliklich in die Höh' rekte, und
die Pagode der knieenden Trinkmaschine zu-
flüsterte: Trinke, trink, liebes Thierchen, im
voraus für die Wüste der Dienstbarkeit, und
dann trage, trag' mich fromm-demüthig, hei-
lig-sklavisch, mich, die Glükliche, die von
ihrer Gebieterin mit den erhabnen Füßen getreten wird.

Das ist also der Brunnen der Verläugnung! rief ich, vor Unmuth schaudernd.

Er ist's, erwiederte die Fistelstimme durch
die Larve.

Und erst jezt sprudelt er hier an neuer
Stätte?

Seine Stätte ist überall, wo Menschen
sind, mein Sohn. Zu ihrem Frommen hab'
ich von den hohen Göttern die Huld erlangt,
ihn

ihn beweglich zu machen. O komm' und triufe
seines köstlichen Wassers!

Wer bist du? fragt' ich rasch an sie hin-
tretend.

Sie zog sich zusammen, drükte die Larve
fester an, und versezte: die Nimfe des Brunnens.

Und dein Name?

Lebensklugheit!

Der Mond blikte heller, beinah tages-
hell, die Bäume rauschten, die Nachtigalen
schlugen an, der erquikendste Hauch wehte
aus Blumengefilden, und in überirdischer
Majestät stand — mein innigstes Wesen fühlte es — eine wahre Göttin vor uns, an ihrer Hand eine verschleierte Jungfrau.

Die Larvennimfe schwang sich entsezt
über die Pagode zu ihren Füsen hinweg auf
den Hökerrüken des Kamels; Flucht war ihr
Gedanke, ihr Laut der Schrei der Angst, ihr
rettungsloses Anfesseln am Boden ein Werk
des leichten Winks, den die hohe neue Erscheinung nach ihr hinsandte.

Zeige dich, wie du bist! gebot diese.

Die

188

Die Larve fiel aus den bebenden Händen der Hexe; ihre vorgehaltene dürre Finger verhüllten das entfleischte Eumenidenge-
ficht nur dürftig.

Die Intrike bift du, Scheusal, rief
die Göttin; deine Verläugnung ift Schand-
fluch! —

Sie nahte mir, die holde Jungfrau ent-
schleiernd — Reiche deinen Pokal dem Un-
verläugnenden, Tochter! —

Lebensweisheit trat aus dem finken-
den Schleier in blühender Glorie hervor.
Nimm! sagte ihre süse Stimme: ich tränk
Nektar. — Entbehre! sezte sie, den Pokal
meinen saugenden Lippen entziehend, mit
Himmelslächeln hinzu.

Das ift der Pokal des edlen Genuffes,
sprach die Göttin. Sei ihm treu.

Und du, Hohe, bift die Natur! rief ich
anbetend vor der herrlichen Mutter: bejahend
lächelte die Jungfrau, und hoch wallte mein
Herz und entzükt.

——————

40. Die

40.

Die Ordensbrüder.

Lorenzo Zaccagni sas in der Bibliothek des Vatikans, und arbeitete an seinen Kollektaneen. Heilige Monumente! sagte er, die Feder augenbliklich niederlegend — heilige Monumente, ihr seid es würdig, den Staub zu verlassen, aber sauer wird es dem Abstäubenden doch:

Und belohnt! antwortete ein Hall aus verborgner Brust dem Einsamen.

Der gute Augustiner schrekte zusammen, griff nach der Feder, und tauchte sie in das Weihwasser der Gelahrtheit. Nur leise gestand er sich Angst zu, arbeitend vergas er der Angst; ihrer vergessend, und der gelungnen Arbeit sich freuend, faud er den Muth wieder in der Brust, die freier athmete. Er legte die treue Gefährtin seines Wirkens und Leidens, die Feder zum zweitenmale nieder.

Sonderbar! sagte er — Es war nur Täuschung meines gespannten Kopfs — Fan-

tomenſamen gedeiht gern im Staub der Ur=
kunden, und der ſtillen Flur abgezogner Ein=
ſamkeit. Und vollens in der — Kutte.

Nicht immer! tönte der verborgne
Schall.

Schon wieder? rief Zaccagni ertattert—
das iſt doch mehr als Sinnentrug — wahr=
lich mehr! Und hier bin ich ſo allein, ſo
verlaſſen in der Geſellſchaft der Toden, die—
er ſchauderte — nun zu ſprechen beginnen.
Am ſicherſten iſt's, ich gehe Lebende aufzu=
ſuchen. Zwar thut es mir weh, mich von
meinen Griechen und Römern zu trennen —
doch Selbſterhaltung trit der Manuſkripten=
Erhaltung billig vor.

Damit nahm er Mantel und Müze, ſah'
ſich nochmal ängſtlich um, griff zum Lichte
und wollte gehn.

Bleibe ruhig! ſprach die Stimme ſanft.

Mich friert's im innerſten Herzen! ſchrie
der Auguſtiner. — Zwar lautete der Ton ganz
wolgefällig — indeſſen — Er ſenkte die Au=
gen an Boden, als ſuche er Entſchluſſ.

Doch — fuhr er ſich zuſammennehmend
fort — hab' ich nicht die Waffen meines
Stan=

Standes? Gebet und Beschwörung? Zu jhnen will ich greifen, und den unsichtbaren Spre-cher prüfen, zu welcher Schaar der Geister er gehört. — Er lief so schnell es die Angst erlaubte, nach dem diken Brevier auf der andern Seite des Tisches.

Laß' deine Waffen, sprach die liebreiche Stimme. Ein Bruder ist um dich.

Ein Bruder!

Vor zwei Jahrhunderten trug ich dasselbe Gewand, wie du!

Ein Sohn Augustins?

Und des Geistes Freund.

Des ächten? frommen?

Des frömmsten beflissen, des Hingebens für Wahrheit!

Für welche?

Giebt es mehr als eine?

Das wol nicht — doch der —

Der Ansichten viel, willst du sagen?

Allerdings — Zaccagni stokte ein wenig— Das hätte ich vielleicht gesagt.

Sag' es immer, fleißig=redlicher Schlüs-selverwahrer der edelsten, reichsten Ansichten dieser ewigen Wahrheit. Lebtest du nicht um-sonst

192

sonst mit deinen Klassikern, wenn nicht ihr
Muth auf dich übergeht?

Zaccagni lächelte. Zizero hatte auch oft
bange, sprach' er endlich.

Doch gewis nicht auf dem Forum.

Da stehe ich nicht, flüsterte der Augustiner, und sah sein Kleid an.

Du tratest schon hinauf.

Ich?

Zage nicht. Wol verstand ich den Blik
auf dein Klostergewand; aber kein Kleid in
der Welt hemmt den biedern Diener der
Wahrheit seiner Ansicht von ihr, der hohen,
zu folgen.

Du hast Recht; besuche mich öfter hier—
zeige und nenne dich mir. Wer bist du?

Vor zwei Jahrhunderten war ich, wie
du, nicht Augustiner nur — auch —

Auch? — Lorenzo horchte mit klösterlicher
Neugier hin.

Auch, was du der vatikanischen Bibliothek bist, einem Buche.

Welchem? — — wel — — chem?

Dem Buche.

Wie! ahnd' ich?

Dem

Dem Urbuche des Glaubens.
Martin!

In dem Weihstrahle der Kraft gieng Luthers Geist vorüber.

41.

Leichte Hausmittel.

———

Nehmen wir, mein Freund, einmal den Fall an, Sie hätten — wie Sie es denn ohnehin überzeugt genug sind — Sie hätten Recht. Welch Resultat erst dann in Ihrem janus= mäßig d. h. von aussen und innen krausen Tituskopf! dem Kamm würden Sie alle Zäh= ne verliehren, uns alle Geduld, und sich selbst den Tag dazu, und doch sehr weit von der schönen Würde des Vespasianiden: das Bon= bon des Menschengeschlechts zu sein, entfernt bleiben — Sie sehn — Ihre Suada ergreift mich mehr, als Ihr Geweb von Gründen.

Ich bin überzeugt, mein Unfreund, daß die Mehrheit der Stimmen gewis gegen eine so blinde — —

Morfeus.   13   Ver=

Verblendung ist? Beweißt das etwas in dem Zeitalter der — Brillen? denn, wenn die sehende Verblendung ihr Meisterrecht ausübt, dann mag den Blinden ihr Hand-werk gar nicht gelegt werden.

Ich weis nicht, was Sie mit Ihrer fixen Idee von Blindheit wollen, da wir doch in dem Zeitalter der —

Halt! ich spreche in Ihre Sele fort. — Kenn' ich doch das alte Ende vom Liede! Im Zeitalter der Aufklärung leben! — wollten Sie sagen — — Gestehn Sie, daß wir we-wenigstens diesesmal kongenialisirten.

Allerdings, und hinzusezen will ich: in welchem es soviel Aerzte und Mittel giebt, daß jedes Uebel, wie im Nu verschwinden sollte —

Eben die vielen Aerzte und Mittel!

Welcher Ozean von Kenntnissen! welche Gelahrtheit!

Ja — das ganze Geschlecht wird so ziem-lich zur Materia medika —

Welcher Vorrath an Sistemen! wie viel blühende Schüler!

Ein wahrer — — Wintergarten!

Welch

Welch herrliche Terminologie! welch feier=
liche Sprache der Weisheit!

Ein unaufhörlich Rezitativ!

Der hohe Gesang Minervens senkt sich
durch ihre Diener zu unsern Gefilden.

Und die dogmatische Zwingherrn sorgen für
die Battuta, und die aufs Rabbiwort schwö=
rende anti = filosofische Fiedlerseelen krazen die
Schulviolinen stumpf.

Sie — Sie sind der unheilbare Gei=
stespazient, schrie der Tituskopf ausser sich,
indem er ein Paar aforistische Loken plastisch=
kritisch bearbeitete.

Ja, versezte der einfache Mann lächelnd,
denn ich glaube an leichte Hausmittel.

Hausmittel! höhnte der schwarzgallige
Aristarchs = Enkel —

Ein Titel, unter welchem die wolthätige
Mutter des unglüklichen Erbauers von Vaux
und der Armen eine sehr nüzliche Hausapo=
theke herausgab, und der jezt auch in mora=
lischer Hinsicht sehr gut offizinell, oder — er
lächelte wieder — wenn Sie lieber wollen,
offiziell gemacht werden könnte.

13*   Sie

Sie sonderbarer Kauz! wer sind Sie, Frembling im Zeitalter der höchsten Weisheit dann?

Kauz! das Schmähwort ist nicht so arg, als Sie glauben. Minerva's steter Gefährte und Lieblings-Vogel war bekanntlich ein Käuzchen. Ich aber bin — wenn es Sie zu wissen interessirt — ich bin ein Buchdruker.

Der Tituskopf dehnte ein verächtliches So?

In demselben Augenblike fuhr der Blizstrahl aus schnell herangedrängten Wolken. Der Tituskopf taumelte zu Boden, die Wunderhand strekte der einfache Mann aus, und der Feuerstrom prasselte gehorsam an seinem Zauberstabe seitwärts.

Das bebende Filosofchen an der Erde wand sich in stillem Entsezen auf. Was ist das? rief er.

Ein leichtes Hausmittel, erwiederte der einfache Mann.

Du bist Franklin! schrie der Vernichtete.

Franklin schwebte in hehrer Glorie vor ihm; in jeder Hand einen Kranz. Zwei
Ge-

Geſtalten erhoben ſich zu ſeinen Seiten; jeder
gab er einen Kranz. Es waren — Humbold
und Fellenberg.

42.

Das Fühlhorn.

Drei Männer luſtwandelten auf dém Damme
zwiſchen zwei Abgründen; Raſen polſterte
den Pfad, wo er nicht von Kies bedekt war,
aber ſelbſt zwiſchen die ſpizen Steine drängten Blumen das liebliche Haupt, und das
Hofnungsgrün der Natur wand ſich an ge-
diegnen Felſen empor.

Freundſchaftlich hatten die Wanderer Arm
in Arm verſchlungen. Feſt und feurig gemuthet ſchritt der Mittlere einher, ſchwan-
kend der zur Linken, langſam der zur Rechten. Des Erſten Blik flog von der Erde zum
Himmel, ſtieg wieder vom Himmel zur Erde,
wechſelte vom Freund auf den Freund, und
inniges Leben ſprach aus ihm, wenn auch die
beſtimmt geformte, und wie es ſchien, beredte
Lippen ſchwiegen. Der Andere ſchien von

Augen

Augen beſeſſen, die allem um ihn her leib=
eigen, ihn beherrſchten; nach auſſen war die
Sele mit tauſend Banden gezogen, aus dem
Innern leuchtete das Flämmchen der Behag=
lichkeit nur im Wiederſchein des Eindruks,
der Leben hineinſandte. Unbekümmert mehr
als harmlos, ruhig weniger als unbewegt
ſchlenderte der dritte mit, indeß ſein Stereo=
tipen=Geſicht ſtets daſſelbe, und — genau ge=
nommen — nichts ſagte.

Sieh! ſprach eine plözlich neben mir aus
dem Boden ſproſſende Geſtalt, wie die drei
im engen Bunde verſchränkt ſind — ſieh!
wie der Mittlere, kräftig im ſtillen Reich=
thum, den einen halb trägt, den andern mit
fortzieht, ohne beides zu merken, da er nur
das eigne Streben und Fortſchreiten fühlt.

Ich ſah den räthſelhaften Notenſchmid
an, wie ſchon früher manchen Garkoch klaſſi=
ſcher Herrlichkeit. Er mochte wahrnehmen,
daß er mir unwillkommen ſei, zog die krumme
ſchwarze Geſtalt immer krümmer und ſchwär=
zer zuſammen, und ſchlich einen Moment als
Maulwurf dahin, vermuthlich um von mir
vergeſſen zu werden. Ich ſties ihn mit dem
Fuße

Fuße seitwärts, und folgte den dreien. O
warum sties ich ihn nicht stärker, daß er in
dem Abgrund zerschellte! dachte ich später.
Aber — fiel mir dann bei —. zerschellt am
Geiste des Bösen etwas anders, als die Form,
und überlebt er nicht diese? — ·

Ein schöner Jüngling gesellte sich bald
zu den drei Wanderern, ernst = freundlich von
dem in der Mitte, gleichgiltig von dem zur
Rechten, mit Entzüken von dem zur Linken
begrüßt. Er sprach laut und viel; es schien
als wolle er allen alles sein, aber nur einer
von allen lies sich eigentlich mit ihm ein —
der Mann zur Linken: bald hieng er halb
seit = halb rükwärts, — der schmale Pfad ge=
bot die unbequeme Verbindung — an dessen
anderm Arm, bald gab sich das Ohr des Auf=
merksamen den leisen Flüsterworten des schö=
nen Fremtlings hin, bald zeigte sich auf der
Miene des Horchenden verdrüfflicher, dann
hämischer Ausdruk gegen den immer gleich
ruhigen Mann in der Mitte; zulezt lies er
der feige gewonnene Schwächling die Linke
des festen Ehrenmannes los, welchen der
schöne Jüngling meuchlings ergriff, und in
den Abgrund hinabstürzte.   Lä-

Lächelnd reichte der Verderber, an des Verderbten Mittelstelle tretend, den Nebenmännern die Arme. Schaudernd, doch schnell vom süßen Lächeln gewonnen, vom Geheimstrahl im düstern Blik geschrekt, schlüpfte der schwankende Wanderer unter; während der Langsame erst jezt die Veränderung des Führers wahrnehmend, die neue Erscheinung einen Moment hindurch mit stumpf neugierigem Blik musternd, sich behaglich in die nicht zu vermissende Stüze einklaute.

Nur einen Augenblik Wundermacht gieb mir! rief ich zum Himmel empor.

Ein blühender Lilienstengel fiel aus den Lüften in meine Hand — ich erkannte das Zeichen der Erhörung, und flog zu der wandernden Gruppe. Scheint auch, was ihr seid! rief ich begeistert, den Stengel himmlischer Magie schwingend.

Rauschend schoß mit Glutaugen und Rabengefieder der Höllensohn, (ich erkannte die zum Maulwurf gewordene Erscheinung in ihm) von der Stelle des Jünglings auf; der Schwächling kroch als glänzende Raupe, der Flegma'sjünger als Schneke am Boden. Elender!

der! rief ich jenem zu, und eilte ihn zu zertreten; der Dämon hatte ihn schon auf seinen Flügeln gerettet.   Verächtlich-mitleidig
fiel mein Blik auf die Schneke: großer Gott!
auch der Reſt kümmerlicher Empfindung, das
Fühlhorn fehlte dieſer! — Ja! ſagte ich,
laut und innig bewegt, nah verwandt ſind
eure Reſultate, wenn gleich euer Weſen ſich
noch ſo fremd iſt; Egoism der Schwäche
und Egoism des Flegma!

43.

M e ſt r a.

Eriſichthion ſtand an einer mir unbekannten
Höle; aber ich erkannte ihn bald, die Hungerwuth, welche ſich in ſeinen Zügen mahlte,
zeugte laut von dem grauſamen Fluch der
Zeres, ſo modern er auch gekleidet war. Wie
Mars vor Troja, ſo ſchrie er um Eſſen, ver-
ſchlang vor meinen Augen ſeinen Klaphut,
und war im Begriffe, auf gleiche Wüthrichs-
art, mit der ſchön geſtikten Gala-Uniform zu
verfahren.   Ein wolthätiges Dikicht verbarg

mich

mich vor seinen Tigerbliken; da erschien von
weitem seine Tochter Mestra.

O, guter Vater! rief sie mit Entzüken—
diesmal war's der Beute viel, und nun hast
du mich selbst überdies wieder.

Und die Beute? die Beute? fragte der
Vater traurig, wie ein Einsiedler, welchem
der Wurzelvorrath ausgieng.

Köstliche Sachen bringe ich mit! Hier
eine Pastete erster Gröse, hier eine Wildkeule, einige Kuchen hier— Ich bin vorsich-
tig in der Auswahl gewesen, und schnell in
der That? nicht wahr, mein Vater?

Käuend fand sich der alte Herr auf wenig unartikulirte Naturtöne eingeschränkt;
doch um so verständlicher war seine Mimik,
und Mestra schon allzu bekannt mit der Fülle
derselben, um an des Papa's Dank und Freude zweifeln zu können.

Aber dein Käufer? lachte zulezt der Alte
— wie wird sich der krause Aesthetiker wundern, wenn der schöne Vogel entfloh. O sein
Papagei wird ihm unvergesslich sein, und
mehr als eine heisse Thräne dem unwiederbringlich Vermißten fliesen. Ich las in sei-

nen

nen Augen Leidenschaft für deine schöne Far=
ben, als wir zusammen markteten, er und
ich — er konnte nicht ermüden, dir die wei=
che Federn zu streicheln — O er wird auffer
sich sein!

Wol möglich, versezte Mestra leicht hin.
Doch unmöglich bleibt es, daß er tiefer be=
trübt sei, als wie meine beide Erkäufer von
gestern und vorgestern.

Wie! der graubärtige Buchhändler mit
dem lahmen Fuse? — und der junge Dilettant
mit vier Augen?

Beide besucht' ich flüchtig und unsichtbar.
Der Graubart wälzte sich auf dem Boden,
verdünnte das Silber seines Kinns noch mehr,
als die Hand der Natur schon zu thun be=
liebte, und schrie mit heiserer Verzweiflungs=
stimme: wo ist meine schöne — schöne fette
Gans? Ach! solche Gans lassen die Götter
nicht wieder gebohren werden! nimmer! Und
ich Glüflicher besas sie! in meine pflegenden
Hände führte sie das günstige Schiffal, ich
sollte ihre grose Anlagen ausbilden, und das
Non plus ultra, das bis jezt noch ungesehne
Ideal der Lebern erziehn! Und ich Unglükli=
cher

cher habe ſie verlohren! — verlohren! — verlohren! — Er raufte ſich mit neuer Wuth
Haare aus dem Bart, und hämmerte den
grauen Kopf ſehr unweiſe mit Fäuſten.

Hahaha! zum Todtlachen! murmelte Eriſichthion, groſe Paſtetentrümmer mit hiänen-
mäſigem Schmazen zwiſchen den Zähnen zer-
malmend. Schon recht ihm! meine Meſtra
blieb mir — Nun? und der junge Dilettant
mit den vier Augen?

Ach! der Aermſte ſaß im einſamen Gemach)! — ein Paar Augen in der Hand, das
Andere in Thränen. Guter Himmel, rief er,
meine ſchöne, prächtige Lerche! wo iſt ſie
hingekommen? herrlich und ſtark war ihr
Schlag, wie ihn noch keine ihrer Schweſtern
zwiſchen dem grünen Erdenteppich und blauen
Himmelsgewölbe hören laſſen! und eben ſo
herrlich und ſtark war ihr Körper, ſie eine
kleine Rieſin ihres Geſchlechts — Wie würden meine Freunde am Tag' ihrem einzigen
Liebe, und am Abend ihrer einzigen Erſchei-
nung in der ſilbernen Schüſſel, von der
Schaar gewöhnlicher Schweſtern umringt, und
ſtolz über ſie emporragend, geſtaunt haben!

Ach

Ach der Doppeltriumf ist mir schändlich, furchtbar zernichtet! Damit zerfloß er in Thränen,
und zerbrach im Schmerz das Augenpaar,
welches er in der Hand hielt.

Hahaha! murmelte Erisichthion wieder,
immer besserer Laune durch Wildkeule und
Pastete — du hast den Gimpel herrlich ab-
konterfait; laß' uns nun weiter — —

An den Aesthetiker denken, der mich als
Papagei kaufte? O der tröstet sich bald.

Wie so? Trauest du ihm, dem Empfin-
dungs-Kurator, so wenig Gefühl zu?

Hat er ja sich noch!

An wen verkaufen wir dich denn morgen,
mein Kind?

Mestra troknete eine heisse Zähre flüchtig. Aber, mein Vater, sprach sie sanft,
noch issest du ja, laß' uns heute ruh'n —
Mein trauter Neptun verlieh' mir die Gabe
der Verwandlung, deinem Trost im Jammer
weih' ich sie — Doch laß' heute mich ruhen,
und geniese im Frieden.

Wie! ruhen? verschwunden ist beinah' was
du brachtest, und verjüngt beginnt schon der
Hunger in meinen Eingeweiden zu wüthen —
Vielleicht must du heute noch — — — O

O Vater! rief die arme Meſtra — für
heute hab' ich noch Mundvorrath und Gold.

Geſchwinde — geſchwind her damit, meine Tochter — .

Weinend blikte Meſtra auf ihn — In
demſelben Augenblike erblik' ich im Antliz
des Hunger-Märtirers der bekannten Züge
mancherlei, doch ſtellte ſich mir kein Ganzes dar: jezt wollte ich einen Namen nennen, da dämmerte ein ander Geſicht vor
mir auf, und wie ich dieſes ausrufen wollte, ahndete mir ein drittes und viertes.
Zweifelnd fielen meine Augen auf Meſtra —
ſie enträthſelten die trauernde Muſe — aber
ob Melpomene, Thalia oder Klio das raſtloſe
Opfer des Zeresfluchs war, auch das konnt'
ich im Wanken und Wallen der Züge nicht
errathen.

44.
Sturz und Schuz.

Auf einem ſehr frommen Paradisvogel ſas
ich hinter dem Silfen, und ritt mit ihm auf
gut tempelherriſch durch die Lüfte. Sie be-
kom-

kommen doch keinen Anfall von Schwindel? fragte sehr höflich der Bereiter aus dem Geisterreiche. Ich versicherte ihn, daß mich bis jetzt nichts dergleichen angewandelt; ich sehe abwechselnd vor mich hin, und aufwärts, aber nicht hinab. Daran thun Sie vortreflich, sagte der Silfe — gleiche Vorschrift steht in ünserm Katechism; halten Sie sich nur getrost daran.

Da stürmte ein Klaggeschrei auf uns zu. Was ist das? rief mein Geleitsmann.

Ein Schmetterling war seinem Reiter, auch einem Silfen, durchgegangen. Noch hielt sich zwar der Wankende in dem Sattel von Rosenblättern, aber der Zügel von Goldfaden hieng schon, seiner Hand entfallen, in wilder Unordnung um den geflügelten Rebellen, welcher in unstetem Schweben, und stets abwechselnden Kreisen den Bügellosen von seinem bunten Rüken zu stürzen suchte.

Hieher! rief mein Führer dem zagenden Bruder zu — hieher! nur den Zügel gegriffen, und an mich dich angeschlossen — dann bist du gerettet!

Um=

Umſonſt! auch Silfen können, wie es
ſcheint, den Kopf ohne Rettung verlieren;
der Schmetterling ſiegte, der Reuter ſtürzte,
mein Geleitsmann rief in Verzweiflung: Nun
mus ich in's Mittel treten, berührte mich,
und drükte mich ſanft aber raſch aus dem
Size hinter ſich, um pfeilſchnell dem fallen-
den Bruder zu Hilfe zu eilen.

Um meinen Paradisvogel war ich alſo
gekommen, aber ich fand mich — ohne zu
wiſſen wie — in dem lieblichſten, vollendet-
ſten der Paradiſe wieder; auf weichem Lager
aus duftenden Kräutern, mit Blumen beſtreut,
erwachte ich aus einer Art von Betäubung;
im Innerſten wolbehaglich, und nur vom
ſchnellen — Flug oder Falle? — ſanft er-
ſchüttert, fühlte ich mich aus Silfenarmen
in Edens Lüften angelangt. Ein zapelnder
Schmetterling von Rieſengröſe — (er war
genau ſo gros als der verſchwundene Paradisvogel) lag ſchwer athmend zu meinen
Füſen.

Ehrliches hübſches Thierchen! ſagt' ich
mitleidig, dir ergieng es minder gut, als
mir — O ich bedaure dich, und möchte dir
helfen;

helfen; denn auch du, warſt — oder alles
täuſcht mich — auch du warſt mir ein Werkzeug der Hilfe.

Das war ich, ſtöhnte der zapelnde Schmetterling, und hübſch bin ich auch. — doch —
er hielt etwas ſchamhaft inne —

Doch? fragte ich beeilend.

Doch. — (aus der Schamhaftigkeit wurde
Beſchämung) doch ehrlich nicht.

Deine Offenherzigkeit macht viel gut,
tröſtete ich ihn. Faſſe dich, und — —

Aus dem nahe rieſelnden Silberbache
ſprach eine ſüſe Stimme: thaue einige meiner Tropfen auf den Odemloſen.

Ich that es, und der ohnmächtige ver-
jüngte ſich zur natürlichen kleinen Geſtalt,
flüſterte mir ein leiſes, vom Weſt halb ver-
wehtes: Dank, entfaltete fröhlich die glänzende Flügel im Sonnenſtrahl, und flatterte
davon. Ich ſah dem entſchwebenden Räthſel
ſinnend nach.

Die Ondine mit der Silberſtimme ſtieg
aus dem Silberbache, blikte mich erhaben
freundlich an, und ſprach: Auch Silfen ſtürzen, wenn ſie die Ungeheuer der Hipotheſen

besteigen; unwillkührlich gelangtest du zu dem
gefährlichen Ritt, die mütterliche Natur nahm
dich schonend auf, und ihre Tropfen stellten
das idealische Ungeheuer, das zu deinen Fü=
ßen starb, wieder zu ihrem frohen Geschöpf
her.

An deinem Silberbache will ich mir Hüt=
ten bauen! rief ich dankbar = jubelnd.

45.

Die Dornen der Auswahl.

Sie glauben also wirklich, daß der Mann —

Geschikt ist, ausgezeichnet geschikt; doch
zum Gesandten taugt er gewis nicht.

Er spricht soviel Sprachen, ist in der
Geschichte zu Haus, wie in seiner Heimath,
jedermann ist ihm gut —

Aber, Euer Durchlaucht, viel zu abstrakt,
viel zu wenig in der wirklichen Welt daheim.
Zum Kollegienchef würde er schon viel bes=
ser passen.

Der Fürst nikte, der Minister der aus=
wärtigen Verhältnisse gieng, und eine Vier=
tel=

telſtunde darauf ſtand jener' des Innern im Kabinet, hörte wie ſein Vorgänger, zukte wie er die Achſeln, und ſprach:

Ich zolle dem würdigen Mann aus voller Seele die wärmſte Bewunderung; noch mehr, das Band der Freundſchaft verknüpft mich mit ihm; doch — wenn die Pflicht ruft, ſo kenne ich nur eine Rükſicht.

Mein Lieber, fiel der Fürſt lächelnd ein, ich kenne Ihre ſchöne, und — gewöhnliche Einleitung — zur Sache! zur Sache! Unſer Mann hat das Innere der Staats-Wiſſenſchaften bearbeitet; die politiſche Klaſſiker aller Zeiten ſind ihm bekannt, vertraut die wichtigſte unter ihnen; er hat mit Ehre den Kollegialplaz bekleidet — —

Alles wahr — gnädigſter Herr — alles wahr! Wie wünſch' ich meinem Freund, wie uns ſämtlichen Staatsdienern, wie dem werthen Vaterlande Glük zu dem ſcharf ſehenden, umfaſſend würdigenden Vater des Landes!

An tüchtigen Präſidenten hatten wir nie Ueberflus, können ihn auch nicht haben.—

O wahr! wahr! Herz und Geiſt durchforſchender, Durchlauchtigſter Weiſer!

14*   Unſer

Unser Freund vereinigt mit dem tiefen
Wissen rastlosen Fleis und festen Willen —
er hat es oft bewiesen. An die Spize einer
Versammlung paßt er — so steh' er denn an
dieser Spize!

Euer Durchlaucht legten mir treue Pflicht=
erfüllung auf — Und so sprech' ich unbefan=
gen und redlich: An jeder andern Spize stehe
er, nur nicht an der eines Kollegiums.

Am liebsten auf der des Aetna viel=
leicht? sagte der Fürst etwas herb lächelnd.

Er ist mein Freund, gnädigster Herr!
Wahrlich, ich liebe ihn, aber die gute Sache
noch mehr. Er hat sich zu sehr der Theorie
gewidmet, im Labirinth der Wissenschaften
verirrte sich der unermüdete Wanderer, und
noch überdies in gelehrten und Kunst = Allo=
trii's. Er hängt mit ganzer Seele an der
Mathematik, historische Spinnweben spürt
er aus, von der Dichtkunst sogar lies er
sich verführen — darüber ist er der Bürger
anderer Welten, und hienieden unpraktisch
geworden. Ich kann mit gutem Gewissen zu
solch einem Präsidenten nicht einrathen —
nein! ich muß die Neigung opfern — ich muß,
so weh' es mir thut. Aber=

Abermals nikte der Fürst, auch der Minister des Innern gieng, und wieder eine Viertelstunde später trat der Kriegsminister vor den Fürsten, hörte wie seine beide Kollegen, und zukte ihnen gleich, die Achseln mit der bedenklichsten Miene.

Er hat die Kriegswissenschaften fest in dem wol bereicherten Kopf, sagte der Fürst.

Ja, ich weis das. Er studirt sie noch, spät am Abend, früh' am Morgen seh' ich aus meinem Bett das Licht auf dem Pult des fleisigen Mannes brennen.

Und dessen ohnerachtet behielt er in dem ausgestatteten noch ein Paar helle Augen!

Ja — er ist nicht ohne — Diszernement.

Ich glaub' es.

Ich weis es, und Sie wissen es auch: Diente er nicht einige Feldzüge mit? Verdiente er nicht das Ehrenkreuz, welches, wie Sie ferner wissen — mein Vater nur schwer verlieh, nie verschenkte?

Richtig. Euer Durchlaucht grosem Herrn Vater eroberte er mit der Batterie, die ihm ein glüklicher Koup — — — —

Laß=

Laſſen Sie ſeine Lorber mit Frieden, wie das Andenken meines ehrwürdigen Vaters.

Der General beugte ſich in Geheimzittern vor dem zürnenden Fürſten. Der Fürſt beſiegte den Zorn, und ſagte gelaſſen:

Ihm denk' ich den Generalſtab zu übertragen, und eine Stelle im Kriegsrath.

Der Miniſter ſchwieg, das Geſicht ſeines Herrn rekognoszirend.

Das wäre mein Gedanke — nun will ich Ihre Meinung vernehmen.

Eure Durchlaucht wollen; ich gehorche dem Befehl. Der Mann iſt weit mehr Politiker als — Sie verzeihen gnädigſt meinem aufgeforderten Freimuth — als Krieger.

Er iſt in keinem Fache zurükgeblieben—

Aber im Dienſte; Routine und Uebung, das Vertrauen, folglich auch die Achtung, der Gehorſam der Untergebnen fehlen ihm. O unſer Geſchäfte fordert das Opfer des Lebens nicht nur im entſcheidenden Augenblike, ſondern das Opfer aller Augenblike dieſes Lebens. Ergrauen müſſen die Haare im Geſchäft, und doch — doch bleibt ſelbſt dem lang geprüften, hingebend erſchöpften Veteranen

das

das Bewußtsein, wieviel ihm noch zur Voll=
endung mangle. — — Geben Sie ihm jede
andere Stelle, sogar jedes andere Portefeuille
— nur — —

Das heißt also?

Ich kann Euer Durchlaucht nicht rathen,
Ihren Gedanken in Beschluß, den Beschluß
in That zu verwandeln. Sie sind Herr und
Gebieter, aber mich fesselt Verantwortung.

Der Fürst nikte, der Minister gieng.
Nach wenig Minuten sah jener den berufnen
Minister des Unterrichts eintreten.

Sie bedürfen so lange schon der passen=
den Gehilfen! rief ihm der Fürst entgegen.
Ich habe Ihren Mann gefunden.

Erbleichend versezte der bestürzte Alte:
Wolthäter des Landes, und des unter An=
strengung sinkenden Dieners!

Der Fürst nannte den Mann, der Mini=
ster zukte die Achseln.

Ein wahrhaft kenntnis= und geistreicher
Mensch ist es, sagte er gedehnt genug.

Sie nennen ihn mit dem wahren Namen,
der nur selten, zu selten verdient wird, doch
ganz gewis von ihm. Er ist ein Mensch
im

im vollen Sinn' des Wortes, seinem ganzen
reichen Werthe nach — allenthalben zu Hause,
in allen Fächern bewandert — — —

. Und darum in keinem eingeweiht.

. Versteh' ich Sie recht?

Die Gelehrtheit ist ein Ozean; nur
mühsam gewinnt der wissenschaftliche Taucher
dem Meeresgrund die Perlen ab, mit Todes=
gefahren und Ungeheuern mus er kämpfen,
sein Leben und des Lebens Dauer daran=
sezen —

Das thut er, mein' ich.

Er thut es; aber, gnädigster Herr, nicht
mit dem Perlfang zufrieden, will er auch
Wallfische mit Harpunen fällen, auf gut egip=
tisch Krokodille jagen, schneidende Haifische
bezwingen, sogar auf den Heringsfang ziehn;
er will Kriegsschiffe führen, mit Kaufarthei=
schiffen nach Gold, mit Entdekungsschiffen
nach Ruhm steuern; Sternwarten will er
auf Meeresfelsen anlegen, Breiten messen,
und — — —

Genug der Allegorien! Ihr Resultat?

Mein Resultat ist, daß Euer Durchlaucht
mit keinem Gesandten, mit keinem Präsiden=
ten,

ten, mit keinem General beſſer fahren können, als mit ihm — doch würde es — — —
Er hielt inne.

Nun?

Es würde all' Ihre wiſſenſchaftliche
Schöpfungen, alle Früchte meines unermüdet
aufgeopferten Lebens vernichten, wenn Sie
mir dieſen Mann zum Gehilfen gäben —
Jeden andern lieber —

Sie verwarfen bis jezt jeden, den man
Ihnen vorſchlug!

Aus heiſſem Dienſteifer! betonte halb-
jammernd der Greis ſeine lezte Ausflucht.

Der Fürſt nikte; der Alte gieng. Sein
Kabinetsminiſter war ihm noch übrig. Schnell
ließ er ihn rufen.

Ich habe einen Mann in meinen Staa-
ten, ſagte er dem bedächtlich nahenden, der
vielſeitig gebildet, wie wenige — — —

Der Kabinetsminiſter zukte die Achſeln —

Schon eine mimiſche Vorlage? fragte
der Fürſt, indem er ſeine Ungeduld mühſam
bezwang.

Es iſt nun ſo, ſo, mit der ſogenannten
vielſeitigen Bildung!

Ich

Ich wollte, es wäre oft so!

Wen Euer Durchlaucht meinen, errathe ich nicht schwer.

Ich glaube es gern, denn er steht allein.

Kein gutes Zeichen, das!

Allerdings — keines für mich selbst — um deswillen hab' ich darauf gedacht, ihn endlich zu fassen, den lange vernachläsigten Diamanten, und zwar in meinen besten, täglichen Schmuck. Sie sind mein rechter Arm —

Innig geschmeichelt verbeugte sich der dankbare Kabinetsmann.

Er sey mein linker!

Die behagliche Röthe des Triumpfs war von der Blässe des Schreckens verjagt, als der bestürzte Geschmeichelte aus der tiefen Verbeugung auftauchte.

Nur in das Kabinet nicht mit ihm! bat der Entsezte — nur das nicht!

Wie!

Euer Durchlaucht und das Land sind mir zu lieb, so wenig ich auch des Mannes Verdienst miskenne. Aber er ist ein Neuerer, ein Brouillon — er wird uns alles durcheinander werfen, mir saure Tage, Euer Durchlaucht

laucht bittern Kummer machen — O nur
das! nur das nicht!

Der Fürst nikte, bezwang die kochende
Brust, und entlies ihn. Rasch schritt er einigemal auf und nieder, und wandte sich dann
nach seinem Schreibtisch. Erstaunt fuhr er
zurük. Ein Griechenschatten sas auf seinem
Stuhle.

Fürchte nichts, sprach der freundliche
Schatten. Nur für dich wurde ich sichtbar.

Wer bist du?

Ungesehn hörte ich alles, ich lese in deiner Brust — nimm den Mann!

Und wer bist du?

Nimm den Mann — du kennst ihn;
was thut mein Name zur Sache?

Mein Entschluss stand — er steht noch —
Aber, wer bist du?

Architas von Tarent.

Der Mathematiker, der Staatsmann, der
Feldherr in einer Person!

Derselbe!

Und gleich gros in allem!

Nimm den Mann!

Ich nehme ihn — bleib' auch du mir!

Ich

Ich laß' ihn dir — lebe wol, folg' dem eignen Innern, alles beobachtend, doch nicht alle befragend.

46.

Der Fluch des Genusses.

Zuker! Zuker! rief eine muthwillige Schaar blonder Genien, die sich auf dem Rasenteppich kugelten, und bittende Händchen emporstrekten.

Erdäpfel! Erdäpfel! brüllte ein Haufe junger Gnomen, und wühlte lüstern gierig die freundliche Gaben Flora's unter den Boden.

Gute Mutter! uns Zuker!

Liebe Amme! Erdäpfel uns!

Eine blühende Göttin stand zwischen den sich widersprechenden Schaaren. Mitleidig lächelnd blikte sie auf die keine wimmelnde Kandidaten der Süßigkeit, verächtlich trübe auf die Jünger der Knollen im Staube. Beiden reichte sie mild edle Baumfrüchte, in Blüthen = geschmükten Körbchen.

Ver-

Vergeblich! nur Zuker wollten die eine,
die andre nur Erdäpfel.

Zwei Wortführer machten sich für beide
Theile auf.

Warum haſt du uns gewekt, Mutter,
ſagte der Sprecher der Blondköpfe, wenn du
uns die ſchöne Gabe deiner Liebe verſagſt?
Sieh, wir ſchmachten ſo lange ſchon nach
dem ſüſen Salz der Erde, das allein uns den
Staub dieſer Erde erträglich machen kann!
Die Früchte, welche du uns bieteſt, ſind uns
ſo bekannt — ſaftig und lieblich zwar, doch
ſo — ſo bekannt — und ſo natürlich über=
dies — o gute Mutter! warum haſt du uns
nicht lieber in den ruhigen Blumenkelchen
ſchlummern laſſen, wenn du uns den köſtli=
chen Zuker entziehn willſt?

Die Göttin ſah himmliſch=ſchmerzlich auf
den glühenden Silfenfox herab, ihre Lippen
öffneten ſich leiſe. Da trat der ſtämmige,
bausbakige Sprecher der Gnomen trozig her=
an, und ſchrie mit naſeweiſer Miene, und
vor Unmuth geballten Fäuſtchen:

Amme! — denn nur als dieſe kennen
wir dich, unſere Mutter iſt die ewige kräf=
tige

tige Erde—Amme! was soll das Spiel? Wird
es nimmer enden? Unsern gesunden Hunger
hat dir die Mutter anvertraut, derbes
Schwarzbrod sollten wir haben, und in Fülle
unser Lieblingsgericht, die göttliche Erdäpfel!—
und du fütterst uns mit süßelnder Näscherei,
mit den roth und weissen Tändelfrüchten dei=
ner einfältigen Bäume! Mögen deine Kirschen
von Dichtern mit schönen Lippen, oder diese
mit Kirschen verglichen werden; mag der
Sammt der Pfirschen, das Aroma der Apriko=
sen, der Wonnesaft deiner Apfelsinen, und der
uns stets unbegreifliche Zauber der hochgeprie=
nen, und ächten Gnomengaumen ungenies=
baren Ananas die ätherische Geschöpfe laben,
die vor eitel Gefühl nichts vom Schmausen
verstehn, und himmelan schweben mögen, wenn
wir uns lieber behaglich schmatzend und satt
zugerundet im grasgepolsterten Schoos der
Mutter Erde wälzen — uns verschone fortan
damit! Erdäpfel gieb uns, mit deinen Früch=
ten dich trollend, oder —

Die Göttin blikte entrüstet aus Himmels=
gässen auf den kein=plumpen Erdgesellen —
er lachte ihr höhnisch in das selenvolle Antliz.

Zu=

Zuker! Zuker! riefen wieder die Genien.

Erdäpfel! brüllten wieder die Gnomen — Erdäpfel!

Die Göttin schwieg kummervoll; ihr schönes Aug hieng trauernd an den tumultuirenden Empörer = Gestalten.

Weinend schrien die Genien: Oeffnet euch, liebe Blumen, in welchen wir so ruhig schlummerten, und kein ander Dasein verlangten; öffnet euch, und nehmt uns von neuem zum süsen Schlummer auf.

Aber wir blühen nur kurze Zeit, sprachen die Blumen: und schlummert ihr, so duften wir euch nicht; vergehn wir, so vergeht ihr mit uns.

Duftet wem ihr mögt, fehlt uns der Zuker; vergeht mit uns, soll er uns entzogen sein.

Heulend schrien die Gnomen: Oeffne den Mutterschoos, liebe Erde, und nimm uns auf, daß wir an den Ursäften zehren, und uns sättigen, und fet werden; statt daß wir hier oben an Lekereien saugend, verderben.

Aber das Licht der Sonne entgeht euch, sprach die Erde, und im Dunkel kriecht ihr
Wur=

Wurzelähnlich fort, ohne euch des Daseins
zu freuen.

Mag uns die Sonne nimmer leuchten!
Wurzeln mögen wir sein, liegen wir nur
satt und warm in deinem Innern!

Die Göttin schwieg; trauernd schwebte
ihr Blik zum himmlischen Vaterlande.

Da rollten die hohe Donner der Urhöhe.
Die Blumen öffneten sich, froh schwangen
sich die Genien in ihre Kelche: die Erde
öffnete ihren Schoos, jubelnd versanken die
Gnomen. Und das Leben der Blumen erstarb,
ihr Duft verflog, ihre Farben erbleichten,
das warme Grün erlosch, und aus der Erde
trieben Grashalme, lang, schmal, dürftig.
Die Göttin floh verhüllt von der Stätte der
Verödung.

Modehändlerinnen und Kaffeefabrikanten
eilten geschäftig herbei; die Stätte der Ver=
ödung war die Flur ihrer Aerndte. Jene
brachen die Silfen als italienische Blumen,
diese gruben die Gnomen als Erdmandeln
aus. Dem lebenden Schönen entfloht ihr,
sprach eine Stimme; dient nun in dumpfer
Bewußtlosigkeit dem geistlosen Kram=Markte!

Ihr

Ihr heischtet, der Künstelei wie der Rohheit
dienstbar, dem Genusse von der höhern Natur — Fluch!

47.

Kongreve's Begeisterung.

Lachend sah Kongreve von dem Blatt auf,
welches er mit Geist beselte. Wenn sich die
mürrische Alte durchaus nicht abweisen läßt,
so mag sie herauf kommen. Sieht sie deiner
Beschreibung ähnlich, so wird es ihr sauer
genug werden, und das sei dann die Strafe
ihrer Zudringlichkeit.

Er hatte Zeit, sein Blatt zu vollenden;
über der Begeisterung vergaß er des nahenden Besuchs. Wohlthätige Begeisterung! glüklicher Kongreve! aber er verdiente es auch
um die hohe Göttin.

Die Thüre gieng auf, und herein hum-
pelte im schwarzen Gewand und von Pelzen
und Schleiern umhüllt die alte Dame in beinah' voller Hoftracht; eine Krüke stüzte sie
rechts, ein Paar Bediente links — eine hu-

stende Kammerfrau im Paralel-Alter der Gebieterin, trug Fußkörbchen und Kissen. Höflich winkte der Dichter seiner Fremden, sich
in dem bequemen Lehnstuhl ihm gegenüber
niederzulassen. Sie that es murrend und um-
ständlich.

Während sich die Bedienten von der langsam Niedergelassenen entfernten, und die Ju-
bel-Kammerfrau die Niederlassung selbst, unter dem Wechsel lauter Seufzer und halblau-
ten Scheltens berichtigte, sagte Kongreve:
Sie verzeihen, Madam, dem Verfasser des
alten Junggesellen, wenn er dem Geschöpf seiner Laune verähnlicht und etwas mit
seinen Gliedmasen entzweit, sich nicht aus der
Stelle bewegt; aber mein ganzes Haus steht
zu Ihrem Befehl. Ich könnte meinen Wohlthäter Hallifax nicht besser empfangen.

Die Alte rükte sich noch zurecht, und erwiederte nichts.

Trauen Sie mir etwa nicht? O ich bin
ein ehrlicher Mann, hab' ich schon den Betrüger auf die Bühne gebracht. — Nur mit
der Liebe um Liebe verschonen Sie mich,
sezte

sezte er leise hinzu, aber seine lächelnde Miene schwazte den Gedanken aus.

Noch immer schwieg die Alte, indeß sich ihre Augen mit Grimm auf ihn hefteten.

Eine trauernde Braut ist sie doch nicht, dachte er; wenigstens für mich nicht. Ich erwarte Ihre Befehle! sagte er laut, und verbarg das verrätherische Lächeln unter die Hand, welche seine elektrische Lippen strich.

Haben Sie den Weltlauf geschrieben?

Ja, Madam,

Bereuen Sie das?

Wahrlich nicht, Madam.

Ich habe Sie bereits gewarnt.

In der That? wie meinen Sie das?

So fühlten Sie denn, und hörten doch nicht!

Wie! wären etwa meine Gliederschmer-zen —

Von mir kommen sie!

Schönes Geschenk! Womit hab' ich die Ehre verdient?

Mit Ihrer Spottsucht! Wer bestellte Sie zum Zensor des Weltwesens und Weltlebens?

wer

wer gab Ihnen den Glutzepter, mit dem Sie
nun so tolldreist um sich schlagen?

Natur, die reich-freundliche, gab mir
ihn, und für das Brauchenlernen sorgte
die rastlos geschäftige Thorheit.

Welch diktatorischer Ton! Wie mag ein
Erdenkind sich vermessen, das andere der Thorheit zu zeihen?

Wohlthätige Spottblätter werden Feigen-
blätter der Kultur; und gesalzenes Wasser ba-
det am wirksamsten ungezogne Groskinder.

Sie stören den Frieden harmloser Menschen, die sich in unschädlichen Schwächen gefallen; die eine Art von andächtiger Demuths-
übung darin suchen, nicht vollkommen zu
sein. Diese schlichte Selen — nur von ke-
ken Vernünftlern schwach, und von stolzen
Weisheitsknappen erbärmlich genannt — ehren den Schöpfer auch in Beibehaltung der
Mängel, wodurch er die Bewohner dieser Erde
von den Engeln unterscheiden wollte. Und
Sie und Ihresgleichen brandmarken diesen
holdseligen, unschwebsamen und doch paradi-
sischen Kindessinn!

Haha-

Hahaha! Ich dachte mich nie über eine so komische Predigt krank zu lachen!

Die alte Dame entbrannte auf ihrem Lehn=stuhle. Noch einmal dies frevelhafte Lachen, und Sie sind auf ewig mein — — — Sklave!

Mein! Das könnte mir alles Lachen ver=leiden. Aber der angedräute Sklave macht alles wieder gut — denn nimmer wird das von irgend jemand — — — Kongreve! — Also von Herzen: Hahaha!

Du hast mich am Halse! schrie mit ent=sezlicher Stimme das Ungethüm aus Pelzen und Flören.

Driden! Driden! wenn das mein leztes Stük wäre!

Es ist's! rief das Gespenst, sich von sei=nen Umgebungen losmachend. Ich bin das Podagra! kreischte es mit glühenden Augen, sprang plözlich gelenk, wie eine Kaze über den Tisch auf den Dichter und verschwand ächzend.

Aber dieser fühlte, daß der Unhold un=sichtbar, doch fühlbar genug bei ihm geblie=ben. — Der Schmerz verzog einen Moment hindurch sein Gesicht; dann sagte er, fröhlich
zum

zum Himmel blikend: Du gabst mir hellen Blik
und regen Geist, heitre Laune und reines Herz;
mag auch die Hölle senden, was sie will und
kann! Ich will den Thoren meine Pfeile nicht
schenken.

Er sprach es, tauchte die Feder in Wahr=
heit und Geist, und schrieb lachend den Tattler.

48.

Der Panzerträger.

Der lange Mann stand trozig vor seinem
Spiegel; blanke Rüstung umgab ihn, am glän=
zenden Wehrgehäng klirrte das Schwerd, in
der Hand schimmerte die Lanze; noch einen
wolgefällig=stolzen Blik warf er auf das krie=
gerische Bild im antwortenden Glase, sezte
dann den hochbuschigen Helm auf sein Haupt,
und gieng.

Lautes Getös der umgehängten Waffen=
stücke umgab ihn, aber es schien zugleich, als
wanke er mitten unter den furchtbaren Um=
gebungen. Waren sie zu schwer? oder ihre
Last ihm zu neu? — oder der Held noch vom
ge=

gestrigen und vorgestrigen Kampf ermüdet? —
Wahre Geschichtsfragen legt' ich mir vor.

Er war nach einigen Schritten stehn ge=
blieben; und schien stillen Kriegsrath zu
pflegen.

Es wird doch besser sein, sagte er halb
laut nach zwei Minuten des Nachsinnens. Es
wird doch so besser sein — der wahre Muth
trozt der Gefahr besonnen, doch nicht toll=
kühn, und versäumt keine Maasregel der Be=
hutsamkeit. Auch läßt er gern dem Feinde
Ueberlegungszeit; so manches Blutvergießen,
so manchen mörderischen Kampf verhütete schon
diese menschenfreundliche Rüksicht. Zwar wer=
de ich ohne Erbarmen das Gefecht für Ehre
und Zwek bestehn — doch ist's besser, ne=
ben der Stimme des Hochgefühls auch jene
der Liebe zu seines Gleichen zu hören —
weiser, die Menschen zu bessern, als zu
strafen — schöner, die Blumen des Dasrins
unter die Lorber des Ruhms zu flechten, als
sie durch solche zu erstiken.

Damit holte er aus dem, schon vom Spie=
gel her oft mit den Augen besuchten Winkel
das grose Schild von Büffelhaut; Homer
könn=

könnte seine hiſtoriſche Verzierungen be-
ſchreiben! Nicht-Homer begnügt ſich zu ſagen, daß in buntem Gewimmel und raſcher
Abwechslung alle Thaten darauf erſchienen,
welche der Held erſt verrichten wollte.
Dann öfnete er ein verborgnes Fach im
Schreibtiſche, nahm daraus einen langen weiten Flor, den er leicht um den linken Arm
wikelte, lies das Viſir des Helms vor ſein
Geſicht fallen, ſchüttelte einige, wie es ſchien,
unbequeme Schauer ab, und dehnte ſich er-
muthigend.

Nun bin ich kampffertig, ſprach er, und
rief dann: Schildknappen!

Lautes Kniſtern und Raſcheln erhob' ſich
nach allen Richtungen des Gemachs. Er
lauſchte.

Schildknappen! rief er nochmal ziemlich
ſtreng. Was zaudert ihr?

Lautes Pfeiffen löſte das Raſcheln und
Kniſtern ab, doch erſchien immer nichts.

Die Stunde des Kampfes ruft! ſchrie er
aufgebracht. Was weilt ihr! werdet ihr euren
Meiſter begleiten? — Seid ihr es auch noch
werth, ihm treu und geſchäftig anzugehören?

Da

Da lief ein rasches Gewimmel von Mäusen hervor, durcheinander, um ihn.

Er sah' mit zufriednem Blik auf die geschmeidige, spiznasige Sancho Pansa's herab. Willkommen meine wakre Gefährten, sprach er: doch kann ich euch heute so nicht brauchen. Macht euch beritten!

Die Mäuse warfen sich im Nu auf den Rüken, kugelten sich einigemal um, und schwebten plözlich als eine schwarze Wolke von Fledermäusen um ihren Gebieter.

Wolan! rief der Erstaunte jezt — thut eure Pflicht! Krallen und Fliegen! Fliegen und Krallen! ist die Losung. Er schritt feierlich zur Thüre hinaus, sein Geschwader umgab ihn, voreilend, begleitend, folgend, rauschend, zischend, die Russflügel spannend, schwingend, faltend.

Ich kam mit der sonderbaren Karavane in's Freie: neugieriger als dankbar.

Wer bist du? rief ein leicht bewafneter Krieger mit flimmernder Klinge dem Panzerträger zu.

Und tu, toll-dreister Fräger? entgegnete dieser mit sinkender Stimme.

Ant=

Antwort! verſezte die eherne Stimme des
fremden Ritters.

Mir! tönte matt die immer tiefer ſinken=
de; der Helmbuſch zitterte — vom Lufthauch?

Laſſ' unſere Waffen ſprechen, da unſere
Worte ſich weigern! der Fremde ſchwang ſein
Schwerd durch die ehrerbietig weichende Luft,
ſtrahlend ſpiegelte ſich der Sonnſtrahl im ge=
züfften.

Du biſt ein edler Mann, ſprach der Pan=
zerträger hinter dem groſen Schild hervor.
Mir ahndet die Uebereinſtimmung unſers Be=
rufs. Laſſ uns Freunde ſein! Er reichte die
Rechte mit dem ſchweren Handſchuh hinter
dem Büffelwall hervor, welchen die noch ver=
borgne Linke behutſam nachſchob.

Der leicht bewaffnete Ritter wiegte lä=
chelnd die ſtrahlende Klinge.

Ich bin der Ritter der guten Sache!
fuhr der Panzerträger angelegentlich, und et=
was kläglich fort.

Lachend gieng der Fremde vorüber. Ihm
ſchien alles geendet, ſein Weg winkte ihm.

Laſſ' uns Freunde ſein! rief ihm jener
minder kläglich, und etwas ungeſtümmer nach.

Der

Der Fremde hob einen Kiesel vom Boden.
Da iſt Gold, ſprach er, indem er zurükkam, und
verachtlich den Stein in die Mitte des ſchweren Handſchuh's — nicht legte, nein! warf.

Gold? ſtöhnte es unter dem Viſir — wirklich und in der That Gold?

Zieh dein Gitter auf, daß du ſuchen magſt,
wenn du nicht glaubſt!

Wir ſind aber Freunde? nicht ſo, edler
Genoſſe für die gute Sache?

Oefne getroſt dein Fallgatter. Der bie-
dre Gegner iſt nimmer verkappter Feind.

Der Panzerträger gehorchte. Wunder!
Gold war der Stein! Entzükt ſah er ihn mit
jedem Augenblik wachſen und wachſen, und
immer gröſer werden; entzükt fühlte er die
zunehmende Laſt. — Er warf den hindernden
Büffelſchild weg, riſſ' den Handſchuh ab, und
wog — glühende Kohlen.

Brüllend ſchüttelte er die ſengende Täu-
ſchung ab. Betrüger! ſchrie er wüthend.

Biſt du — wenn ſich ſo der Lohn für
deine gute Sache verwandelt.

Auſſer ſich warf der Panzerträger das
Gitter zu, griff zu Schild und Handſchuh,
und

und schwang die Lanze gegen den Schwarz=
künstler. So nannte er ihn schäumend.

Dein Grimm verwechselt die Namen, er=
wiederte lächelnd der Fremde, aber der Kampf
ist mir willkommen. Sein Schwerd zischte,
Funken stoben aus dem getroffnen Helm des
Panzerträgers, er lag am Boden, der Ge=
harnischte stürzte ihm nach. Zur Hilfe, Knap=
pen! rief er ächzend.

Der Schwarm der Fledermäuse schoß
auf den Fremden, sein Kreuzhieb leuchtete, die
befiederte Schaar kroch, zwar noch schwarz,
aber flügellos als Ameisenhaufe am Boden,
auf ihrem gefällten Meister, und um ihn,
der sich lechzend und zukend im Sande wälzte.

O meine schöne Rüstung! wimmerte er
— o meine arme Mittel! — Schenke, o
schenk' mir das Leben, erlauchter Zauberer —
schenk' es mir, ich liebe das Leben sehr.

Der Ritter berührte ihn mit seinem —
Schwerdknopf, und in Mitte der Ameisen
krächzte die — Unke.

49. Die

49.

Die Tausendkünstler.

Noch verbarg der Vorhang die Bühne, wenige Spärlichter dämmerten durch die egiptische Finsternis in dem Musentempel, aber es waren keine Thermolampen, denn mich fror bitterlich. Kein Wunder, sagte mein Nachbar, wenn es den Parnaß-Damen so selten in diesen — heilig heisenden Mauern gefällt; sie sind eines freundlichern Klima's gewöhnt. — Hier müssen sie ja heiser werden, wo nicht gar rheumatisch!

Ich lies meine Nase aus der Kasematte des Ueberroks, um den Nachbar zur Linken näher in's Aug zu fassen, als sich zu meiner Rechten ein neuer Nachbarsmann ansiedelte.

Er sah' sich ruhig im Parterre um. Was gibt man heute? fragte er.

Den Geizigen, erwiederte ich, soviel der Zettel verspricht; wenn nur keine Krankheit dazwischen springt!

Es scheint, nahm er das Wort auf, daß Ihr Publikum geizig mit seiner Zeit ist. Ich

sehe

sehe wenig Menschen hier. Wenn nicht mehr
Lust im Spiele, als an dem Spiele herrscht,
so — — — —

Heute kommen nur die Kenner: das ist
die unsterbliche, wenn schon kleine Legion.

Es ist eben ein altes Stück, sagte mein
linker Nachbar, obgleich ein aufgefrisch-
tes, sezte er spöttelnd hinzu.

Was für eine Art von Geizigem, fragte
der Rechte, werden wir denn sehn?

Nach Moliere, antwortete der Linke.
Einen Nachhall des berühmten Avare werden
wir hören.

Der Rechte strich mit der Hand über die
Stirne. Nach der Natur wäre besser,
meinte er.

Ist das aber nicht das Nämliche? Moliere war ihr Vertrauter.

Moliere, sagte der Rechte, war aber nur
im königlichen Schlafzimmer Kammerdiener.
Wer hat sich denn zu dem seinigen aufge-
stellt? Ist er blos teutsch angezogen worden?

Man hat der schönen Figur nichts nehmen wollen; darum änderte man nur das
Gewand.

Da

Da hat man ihm wenig Dienste erwie-
sen, und der Natur noch weniger. Es wun-
dert mich, daß Ihre Kenner kommen. Sie
wollen sich vielleicht nur mit dem Erkennen abgeben?

Sie freuen sich des alten Bekannten: und
ich freue mich Ihres Scharfbliks.

Er wäre, glaub' ich, am liebsten im Spiegel der Wahrheit entdekt.

Die stimmenden Stiefsöhne des Orfeus
unterbrachen uns. Dürftig hatten sich die
harrenden Bänke gefüllt, wenige Logen zeigten magre Bevölkerung; grose Ungeduld —
und vielleicht groser Frost — der kleinen Zahl
pochte nach dem Anfang.

Ich bin sehr erfreut, Sie hier zu sehn,
sprach ein blasses Männchen zu meinem linken Nachbar. Es scheint, unsere lezte ästhetische Versammlung hat auf Sie gewirkt.

Allerdings; ich deuke mich heute so gut
zu unterhalten — — —

Als neulich bei uns? dann bedaure ich
Sie, denn in der That, heute kann man nur
hieher kommen, um sich von der Dürftigkeit
der sogenannten alten Kunst zu überzeugen.

Die-

Diese platte Natur ist so unerträglich — so
fatal — so abſurd, daß ſie nur zu kritiſchen
Lükenbüſern unſerer regenerirenden Blätter
für wahren Geſchmak taugt. Aus dieſem Ge=
ſichtspunkte kam ich hieher.

Der Rechte blikte das Männchen barſch
an, und flüſterte, ſich faſſend, vor ſich hin:
der Kritiker in der Einbildung. Dann
ſah er ſich nach den Kennerlogen um.

Das Männchen war auf das Flüſtern ein=
geübt, und hatte verſtanden. Was wollen
Sie ſagen, mein Herr? fuhr es in heiligem
Zorn auf. Ich denke, Sie begreifen mich
und meine Aufopferungen für das Publikum
nicht.

Scheint Ihnen das nothwendig? fragte
der Rechte mit groſer Gelaſſenheit.

Mein Linker ergänzte die Frage mit der
Verſicherung, daß die Hauptſtärke der neue=
ſten Aeſthetik darinn beſtehe, ſich um's Be=
greifen ſo wenig, als um's Begriffen wer=
den zu kümmern, und ihre Haupttendenz im
feſten Verwahren der Zimmerläden gegen den
unbequemen Sonnenſtrahl, um genialiſch beim
Licht der Kazenaugen zu redigiren — ihre
Haupt=

Hauptbequemlichkeit aber darin: wie einst Erzvater Jakob, durch einige Kunstgriffe die Ausbeute der Lämmer für die eigne Heerde zu gewinnen.

Das Männchen stellte sich auf die Zehen, und focht mit den Händen. Orakel giengen von seinen Lippen, Blizlein leuchteten aus seinen Augen, Donnerlein rollten aus der heisern Kehle, uns befreiend rauschte plözlich die Simfonie über die leere Worte, und durch das leere Haus hin.

Die Klingel des Soufleurs verjagte ihrerseits die Simfonie, deren Rauschen sich bald genug in humpelndes Gequäke verwandelt hatte. Der Vorhang wand sich langsam in die Höhe, wir erblikten — nicht den komischen, aber tragischen Helden, welcher in der That das von mir geahndete Dazwischenspringen einer Unpäßlichkeit ansagte, und ein Trauerspiel in die Thalia's Lüke schob.

Leben Sie wol, meine Herrn, sagte der rechte Nachbar.

Sie wollten den Tempel ohne Opfer verlassen? fragte der Linke, und ich.

Der Aesthetiker stellte sich rasch auf die Zehen, rieb das kritische Elektrofor seiner Hände, und rief: Wie! der ächten Griechheit mögen Sie entfliehn? — welche Eishöhle zeugte Sie?

Mein Lustspiel hab' ich gehabt, antwortete der Rechte, indem er ihn lächelnd mit dem Blike maß — die Vereinigung komischer Persönlichkeit mit komischer Situazion — damit bin ich zufrieden, und wandle heimwärts. Das Trauerspiel rührt mich —

Nicht? wie! das hohe Fatum, das unerbittliche ergreift Sie nicht?

Kann ihm jemand ausweichen? Ist's dann noch eines?

Der Aesthetiker biß' sich die Lippen, und — o Nemesis-Wunder! verstumte.

Der Rechte empfahl sich, der Linke bat, ihn mitzunehmen; der Aesthetiker sprang über die Bänke in ihren Weg. Sie bleiben, meine Herrn! bei'm Pathos, Sie bleiben!

Der Rechte faßte seine Hand, der Linke legte ihm die eigne auf's Haupt. Ein Skapin mit dem Midaskopf stand vor uns, aber die wolbekannte Stimme blieb.

Die

Die Schule der Schöngeister! sprach der zu Moliere's Gestalt sich verklärende Rechte.

Das ästhetische Fatum! sagte spöttisch lächelnd der in Aristofanes Zügen hervortretende Linke.

Sie verschwanden vor den Erstaunten. Skapin-Midas aber, seine Verwandlung nicht ahndend, ballte die Faust und rief: die Tausendkünstler! ich will ihrer in meinen ästhetisch-kritischen Mohnblättern gedenken!

50.

Ring und Halsband.

Der Wagen rollte mit unaufhaltsamer Geschwindigkeit fort, (so erzählte mir der Neger mit dem Halsband) und eine Stimme neben mir schnarrte: Wenn Sie es recht erwägen, so werden Sie Sich gut aus der Sache ziehn. Geben Sie nur den Ring an Ihrem linken Daumen willig hin.

Ich fühlte, fuhr immer der Neger fort, — ich fühlte nach — denn sehn konnten die verbundne Augen nicht — Es war richtig;

der nie so hoch geehrte linke Daume war mit
einem Ring geschmükt. Aber schon mein Ge=
fühl reichte hin, die neue seltne Ehre nach
dem verjüngten Maasstabe zu beschränken. Der
Schmuk däuchte mir nicht mehr und nicht we=
niger, als ein gewöhnlicher Gardinenring.

Drei= oder viermal fuhr ich darüber hin;
dann sank ich in leichte Ohnmacht — ein hef=
tiger Stos wekte mich, der Wagen hatte plöz=
lich still gehalten. Ich harrte der kommenden
Dinge.

Man öfnete ihn, man hob mich ganz hilf=
reich heraus, man trug mich Treppe auf Treppe
ab — endlich fühlt' ich mich auf einem Sofa
ausgestrekt, das mich sehr behaglich empfieng;
Speisengerüche dampften an das Vorgebirg
der aus der Augenbinde schlüpfenden Nase,
Becher tönten freundliche Meldung der Er=
quikung; ich war entzükt und wüthend zu=
gleich, denn der Grausamkeiten Höchste schien
es mir, so einladend den Genuß des rastlos
Ermüdeten vorzubereiten, und ihm doch die
Augen hermetisch zu verschliesen. Mein Ma=
gen rebellirte wie mein Kopf.

Nimm,

Nimm, liebes Kind! sprach eine abermals schnarrende Stimme — nimm! S'ist gut.

. Näher wallte der liebliche Dampf heran; ich hörte das Gluken der goldnen Tropfen, die aus süs duftenden Flaschen in die Becher thauten, ich öfnete die Lippen, weil ich die Augen nicht öfnen konnte. O Wonne, die köstlichste Speise schmolz auf meiner gekizelten Zunge; der Göttertrank glitt in die bezauberte Kehle! Unsichtbare Hände fütterten und tränkten mich, etwas langsam zwar, aber mit wahrer Muttersorgfalt. Ich lies mir das gefallen.

. Nun schlummre, mein Kind, sprach die Stimme, die lange nicht mehr so arg schnarrte, wie vorhin. Ich schlummerte süs, erwachte gestärkt, hörte schöne Musik, wurde von neuem gefüttert und getränkt, schlummerte wieder die ganze Nacht hindurch, und erwachte — die Entbehrung der Augen abgerechnet, wie im Himmel — Man gewöhnt sich, gehts einem sonst gut, an alles.

Tage vergiengen so, täglich lieber wurde mir das herrliche Sofa, täglich süser die vor dem schnarrende Stimme, täglich entzükender

mein

mein Loos. Nur die Augen konnte ich nicht vergessen; lang' unterdrükt' ich der guten Kost wegen den Wunsch. Endlich bracht' ich ihn sachte an.

Gütig hörte mich die milde Amme meines blinden Daseins. O recht gern, mein Kind, sagte sie, recht gern — ich dachte nicht, daß dir an dieser Kleinigkeit etwas läge; Wußt' ich das, du sähest schon längst. Gieb mir nur den Ring an deinem linken Daumen; wie er deine Hand verläß't, so löst sich, der Talisman des Augenbandes! gieb den häßlichen her!

Jezt erst fiel mir mein Ring bei. In der sanften Behaglichkeit der lezten Zeit hatte ich ihn rein vergessen. Schnell fuhr ich zu; der Ring klammerte sich fest an den Daumen, als hab' er eine Sele, und ahnde, was ich wolle. Darüber erwachten Gedanken in meinem Kopfe, die — wie es bei der von außen unzerstreuten Blindheit der Fall öfters sein soll — schnell überhand nahmen, und mich unbequem bestürmten. Der Talisman, sagten sie, hängt also nur von dir ab? Die Amme kann den Ring dir nicht nehmen, weil

sie

sie ihn von dir verlangt, und du wolltest —
— —! Trau', schau' wem! — Aber ich konnte
nicht schauen, denn ich war leider blind, und
nur die Hingabe des Rings gab mir mein
Gesicht zurük. Ich beschloß; dreimal sezte ich
an, zweimal widerstrebte der Ring, das drit=
temal war mir; als hör' ich leise — leise
seufzen, und er wich.

Die Amme nahm ihn aus meinen willi=
gen Fingern, so sehr eilte sie meinem eigent=
lichen Geben zuvor. In demselben Moment
sank die Binde von meinen Augen.

Ich war nun sehend, aber verblendet.
Ein Zauberpallast umgab mich, Zaubergär=
ten drängten sich üppig an das Weltwunder,
vor mir stand ein Engel (meine bisherige
Amme) und eine himmlische Zahl anderer
Engel schwebte durch Säle und Gärten; Moh=
ren mit goldnen Halsbändern beschikten die
Tafeln, trugen die Sonnenschirme, und zo=
gen die Wägen. — Ich warf mich vor ihr
nieder.

Steh' auf, mein Sohn, sprach sie sanft
— steh' auf. — Ich mache dir hier ein Ge=
schenk — Im Nu dehnte sich mein Ring in
ihrer

ihrer magischen Hand zur zwanzigfachen Gröse, sie schlang ihn mir um den Hals (noch
weis ich nicht wie) mächtiger Schauer durch-
bebte mein Innerstes; wie ich wieder auf-
blikte, waren Zauberpallast, Gärten und Engel verschwunden, — in dumpfer alter Burg
auf dem moderigen See krächzten alte Weiber und Negersklaven umher.

Hier! rief meine zum Scheusal verwandelte Amme — nehmt ihn nur in Empfang —
er wird sich gut an den Wagen schiken. Wir
wollen ihn gleich prüfen. Damit kamen die
Neger grinzend, mich abzuholen, und einzu-
schirren. Ich sträubte mich; sie rissen mich
fort, im Vorübergehn bemerkt' ich meine
Verwandlung — ich war, wie Sie mich hier
sehn, lieber Herr, und seitdem bei magrer
Kost Karossen-Pferd der zahnlosen Alten.

Ich sah den Neger mit goldnem Halsband
mitleidig an, und dann auf meinen Ring.
Er sas fest an der Hand, denn Kopf und
Herz bewachten ihn.

Ich berührte mit ihm die Wände der
alten Burg — sie zitterten. Alles schrie,
Alte und Sklaven — und unten an der Pforte

te heulte, wie ein zweiter Zerberus gestaltet,
das Herkommen!

51.

Palingenesie.

—————

Empanda, die freundliche Göttin ländlicher
Fluren, wanderte durch ihr stilles Gebiet.
Schon sanken die Schatten des Abends über
die duftende Thäler, leis' verglühte an den
Bergspizen der Sonne Scheidestrahl, die
Heerden kehrten heim, und singende Mädchen
und Hirten folgten ihnen fröhlich: dem Ge-
sang der Menschen antwortete nur noch die
nächtliche Sängerin des Frühlings und der
Büsche.

Ihres lieblichen Reichs geniesend wanderte Empanda durch die wogende Saten,
über duftende Wiesen, an Blühtenbäumen
vorüber, und den von ihnen beschirmten Hütten. Immer dunkler, aber immer noch schön
sank die Nacht; schüzend gieng Empanda um
das ruhige Dorf, und hütete den Schlummer
ihrer Schüzlinge.

Ein

Ein Geräusch trabte den Pfad her. Die Göttin sah, aus holden Träumereien aufge-schrekt, um sich, und entwich nimfenhaft leicht dem herantobenden Tumult. Eine weibliche Gestalt ritt so schnell es gehn woll-te, auf Silens forttrottelndem Thier. Guten Abend, liebe Empanda! rief sie, im Vorüber-eilen die Wallerin erkennend — wie so spät? — Gewis wieder eine empfindsame Promenade.

Empanda lächelte. Lassen wir das Bei-wort hinweg; in der Hauptsache find' ich dich mir gleich: spät und spazirend.

Spazirend! das mag dir Jupiter verge-ben, wenn er kann. Ich spazirend! ich, die ich mit Mühe und Arbeit beladen bin, und mir nicht zu helfen weis. Viehseuchen al-lenthalben! das Hornvieh fällt von einer Art von Schlag getroffen, die frommen Schafe drehen sich todt, und sogar die gute, arme Esel haben ihre Seuche! Schon sind in gan-zen Gegenden meine Stallungen von der Mörderhand des Todes verödet, und meine getreue Eseltreiber, Hirten ohne Heerden. Die brave, redliche, anhängliche Selen!

Du

Du bringst mir schlimme Kunde, liebe
Epona. Ich hoffe, die Furcht hat dir über-
triebne Berichte gesendet. Hier bei uns wenigstens befinden sich die treue Gehilfen meiner Landleute alle wol. Arbeitsam und stark
durchakert der Stier am Pfluge das Feld,
froh. brüllend durchirren Kühe und Kälber,
blökend die Schafe fette Triften und Auen,
und in Disteln schwelgt die genügsame Schaar
der Esel.

So? rief Epona vergnügt — halten sich
die liebe Thierchen bei dir so brav?

Vortreflich.

Sie sollen noch in dieser Nacht neue
gelbe Halfter zur Belohnung erhalten. Füh-
re mich in die Stätten dieser Hochverdien-
ten, daß ich sie sehe, sie lobe, sie streichle
und pflege, und nach Verdienst schmüke.

Wie! jezt, da alles ruht — O laß' meine guten fleisigen Landleute ihres Schlummers geniesen — sie verdienen ihn rastlos
am sauren Tagewerk.

Auch sollen sie schlummern. So ein kleines Stallkapitel stöhrt sie nicht, und ich habe.
Eile.

Eile. Hier will ich belohnen, und dann wei=
ter zu Hilfe eilen. Komm! Komm!

Empanda lies sich überreden, schlich sach=
te bei dem Lager der Schützlinge vorüber,
leitete Epona zu ihren lieben Thieren, und
lies die Pforten von der blosen Macht der
Berührung aufspringen. Groser Zevs! welch
ein Anblik!

Ausgestrekt, kalt und todt lagen die
schönste Stiere, die hoffnungsvollste Esel —
kaum den erquikenden Triften satt enteilt,
und unter das wirthliche Dach zurükgekehrt,
waren sie der Würgerhand gefallen. Und
welcher Hand? Grinzend mit triefenden
Augen und geifernden Lippen trat ihnen Em=
pusa, die scheusliche Empusa mit einem eiser=
nen und einem Eselsfus' entgegen, und rief
hohnlachend: Wie gefällt dir meine Einrich=
tung, hausmütterliche Epona? wie sie gut
schlafen, die müde Thierchen, nach vollbrach=
ter Arbeit! besieh dir sie recht!— Jezt, beste
Empanda, kommt die Reihe an — deine
Menschen; ja, liebes Schwesterchen, an die
Menschen!

Sie

Sie klapperte mit Stelz- und Huffus
davon — schreiend und außer sich eilte Empanda ihr nach. Epona weinte über ihren
Schützlingen — dann nahm sie, wie im Fluge
begeistert, sich zusammen, und flehte zum
Himmel: O Zevs, tröste mich und die gute
Empanda zugleich; Empusa würgt i h r e
Menschen, wie sie m e i n e arme Geschöpfe
hier würgte — laß' die meinigen als i h r e
wieder aufleben, und in den neuen unsri-
g e n wird uns Gemeintrost.

Ob wol Zevs das Jammerflehen der im
Traumbild Verzweifelnden erhörte? wie es
manche Spuren im wachenden Leben bezeich-
nen sollen.

<h2 style="text-align:center">52.</h2>

Der Profet im Vaterlande.

Bester Freund! Sie sind gewis recht, recht
sehr weit her — ich seh' es auf den ersten
Blik.

Ich bewundere Ihren Scharfsinn, der
so schnell urtheilt, und sein Urtheil so schnell
verkündet.

Das

Das freut mich sehr, unendlich sogar,
denn meine Neider — (Sie wissen, diese ab=
scheuliche Thiere kriechen auf den Spuren
jedes Verdiensts) wollen immer behaupten,
und behaupten es noch, der wäre zwar nicht
weit her. So geht's — kein Profet im Va=
terlande! — Ach! kein, kein Profet im Va=
terlande!

Der Ausspruch ist gerecht, ohne indes=
sen die Profeten — die ächten, nämlich —
irre zu machen.

Um auf unsern Gegenstand zurükzukom=
men, und Ihnen genaue Rechenschaft über
die Operazion dessen abzulegen, was Sie so
gütig meinen Scharfsinn zu nennen, und so
aufmunternd zu bewundern belieben, mus ich
mir die Freiheit nehmen, Sie ein wenig zu
tadeln, daß Sie nicht länger warten, und
diese Gemächer des Heils mit so flüchtigem
Fus verlassen wollen, um nun auf einmal
— — — der guten flüchtigen Zeit nachzuei=
len. Sie allein unter allen Lebensgütern kehrt
nicht wieder, und böte man die Tausende von
Taleuten des grosen Königs.

Aber

Aber Sie verliehren, wollt' ich sagen, nun in ei n em Moment die Frucht durchharrter Stunden.

Wird es eine Frucht sein? — Ueber moralische Früchte — sagte er lächelnd — sind die Menschen so uneinig.

Eben das bedarf nun der Probe, und ist ihrer auch werth. Bei uns hält man viel auf Fremde, und da Sie, laut Ihrer Ungeduld, ganz sicher sehr weit von hier zu Hause sind, so wette ich tausend gegen eins auf den glänzendsten Erfolg. — Sprechen Sie nur recht lebhaft, recht entwikelnd — — — Sie hören mich, trügt mich nicht alles, nicht an! Warum in so tiefen Gedanken? — Hier darf man — sich nicht so verfinnen.

Ich sinne, ob ich von dem, was ich zu sagen habe, nicht etwas abschneiden kann.

Gerechter Himmel! Nur nichts abgeschnitten! lieber zugesezt! Glauben Sie mir, ich kenne mein Tercain! hab' ich es ja doch seit fünf und zwanzig Jahren anhaltend und genau genug studirt! Die Flügelthüren fuhren auf, der Kammerdiener winkte, die Herren traten

ten

ten ein. Auf dem Sofa lag im Gewand der
Kränklichkeit ein grämlicher Mann, der ih=
ren Gruß nicht, die lange Vorstellungsanrede
des Scharfsinnigen nur mit ein Paar Wor=
ten erwiederte. Dann sah er den zweiten
stummen Mann an, indem er ein Brieffrag=
ment zwischen den Fingern zerrieb. Der stumme
Mann überreichte ein Schreiben, die reibende
Finger liesen die Fragmente, und öffneten
langsam den neuen Brief=Märtirer.

Aha! sagte er nach halb vollendeter Lek=
türe — So? sezte er hinzu, einen Blik auf
den Ueberbringer werfend. — Er nahm eine
Prise Tabak, manipulirte mit feierlicher Würde,
Dose und Nase, flüsterte unter einem zwei=
ten Blik: daher also! und sezte das unter=
brochne Lesen fort.

Der Scharfsinnige hatte alle Abstufun=
gen der Erwartung im leisen Solo durchmo=
dulirt, jezt stieß er sachte den Nebenmann
an, und aus seinen blinzelnden Augen sprach
es: Geben Sie wol Acht — Ihre Sachen
stehn vortrefflich. Dann hieng er seine Au=
gen wieder anbetend an den politischen Kar=
funkel der lesenden Grandeza. Fünf Minuten
später

später war das große Werk der. wenigstens
aufmerkſam ſcheinenden Leſerei vollbracht. Die
Grandeza ſah nikend auf den Ueberbringer des
Brief's.

Mein lieber Herr Fozion, ſagte ſie ernſt=
langſam — ich bin erfreut — —

Fozion ſchwieg; der Scharfſinnige theilte
ſich zwiſchen dem Erſtaunen über den Na=
men und dem Entzüken über die Gnade. Nach
einigen ſtillen Minuten fuhr die Grandeza
fort:

Sie ſollen ein Mann von Meriten ſein
— wie ſchon die alte Hiſtorie beſagen thut ——

Fozion ſchwieg; der Scharfſinnige ſah
aus, als fürchte er ſich vor Geiſtern, und
wolle doch die Grandeza nicht allein laſſen.
Genau nach drei Minuten fiel dieſe wieder ein:

Indeſſen bedaure, daß dermal hier alles
überſezt iſt.

Fozion ſchwieg; der Scharfſinnige bebte
vor der ernſten Miene des klaſſiſchen Geiſts,
und vor dem geheimen Unwillen der Gran=
deza gegen den voreilgen Vorzimmer=Mäzen.

Ich ſuche nichts — ſprach Fozion.

Morfeus.   17   Nichts!

Nichts! rief der vor Ueberrafchung das Audienzzimmer und die Angft vergeffende Scharffinnige.

Nichts! wiederhohlte langfam die um das Vergnügen abfchlagender Hoheit ge=brachte Grandeza.

Nichts, als — — —

Dacht' ich's doch, es kommt ein Nachfaz, fagte des Scharffinnigen reftaurirte Haltung. Der Nichts Suchende neben ihm hatte den vernichtenden Abgrund vor ihm eröffnet, da fein Leben nur ein ununterbrochenes Suchen war.

Die Miene der Grandeza drükte Hoff=nung der Gewalts=Reftaurazion auch über den fo ftolz fich ankündigenden Fremdling aus.

Nichts, fuhr Fozion fort, als Gehör für die Wahrheit.

Der Scharffinnige zitterte im fernften Winkel. Die Grandeza lächelte fonderbar.

Was that Ihr Vaterland für dergleichen Gefuche haben?

Schirling im Leben, nach dem Tode Bild=fäulen.

Gehn

Gehn Sie mit Gott — und danken Sie Ihren Göttern, daß wir zwar keine Bildsäulen sezen, aber auch keinen Schirling geben.

Fozion blikte nach dem Scharfsinnigen um. Auch ausser dem Vaterlande — kein Profet! dann ruhte sein hohes Aug auf der inkommodirten Grandeza: der Wahrheit selbst den Schirling der Verläugnung! — sie bedarf keiner Bildsäulen, und verachtet den Schirling.

Er war hinweg.

53.
Die Misgeburten.

In der vierzehnten Abtheilung der hohen Roma stand mein Tempel! eigne Feste waren mir angeordnet, die meinen Namen trugen! und nun bin ich vergessen, verachtet; vogelfrei sind meine Anhänger und die gottlose moderne Welt opfert sie grausam den Ungeheuern auf, welche sie erfand und — Geseze nennt.

So klagte Göttin Furina in der verborgenen Grotte ihrer geheimnisvollen Zuflucht. Oft schon hatten ihre Klagen diese, von sonst nichts gestöhrte, Einsamkeit erfüllt; doch so trostlos wie heute, war sie nimmer geblieben, denn sie hatte heute zum erstenmal wahrgenommen, daß ihre Getreue mit dem Leben bezahlen müßten, was die Getreue und sie selbst eine kleine Quelle des Lebens nannten. Der lezte Sterbeschrei einiger Banknoten = Verfälscher war aus Tiburns Trauerfeld zu ihr gedrungen. Sie jammerte laut, laut, endlos.

Da tönte die strenge Stimme der Juno Moneta in die Grotte der Verzweiflung. Schweig, Verworfne, rief sie, und empöre dich nicht gegen des Schiksals gerechten Schluß, welcher deine sterbliche Verehrer für den Fluch deiner Unsterblichkeit büßen läßt. Keine Klage mehr, oder ich fordre die Donner des Zevs auf, dich in die tiefsten Abgründe des Tartarus zu stürzen, welchem du angehörst.

Die zitternde Furina verstummte. Im Innersten die kochende Wuth verschließend,

Rache

Rache glühend und sinnend, forschte sie nach
Planen der Rettung für die Getreuen, der
Genugthuung für ihren geschändeten Dienst.
Drei Tage und Nächte kämpfte sie den rastlosen, mühevollen Kampf der gährenden Leidenschaft mit der aufstrebenden Denkkraft;
am Morgen des vierten Tages herbergte die
beruhigte Brust mit Entzüken den vollende-
ten Entwurf: verlarvt schlich sie aus der
Höle, beinah' vom ungewohnten Lichte ge-
blendet, auf Geheimpfaden durch die schöne
ihr verhasste Welt, schäumte bei'm Anblik
der Hochgerichte, und suchte den listig behen-
den Merkur auf. Erst spät erreichte sie den
stets Beweglichen.

Sie flüsterte ihm Angelegenheit und Vor-
haben in's Ohr, der Sohn der Maja lächelte.

Du hast viel Vertrauen zu mir, sprach
er den Schlangenstab wiegend.

Deine Macht ist so gros; dein wolwol-
lend Gemüth vergönnte ja immer meinen armen, jezt so unbarmherzig verfolgten Getreuen einigen Schuz. O du Geiststarker,
welchem die Fülle der Beredsamkeit zu Gebot steht, wie jene des Handels; dem die

Hut

Hut der Strasen vertraut ist wie der Schuz der Fechterkünste; du fliegender Götterbote und Menschenkenner, verlasse mich nicht, die hilflos Jammernde!

Ich will deiner Sache nachdenken, erwiederte er; finde dich morgen wieder hier ein. Er entschwebte auf den unsterblichen, unermüdbaren Schwingen.

Als ich diesen Morgen, sagte er nächsten Tags zu der ängstlich Lauschenden, den Speisesaal der Götter auskehrte, stieg mir plözlich eine treffliche Idee für deinen Kram auf. Ich habe mit den beiden drolligen Kauzen, dem Momus und Komus, und mit dem blinden Hinker Plutus, auch beiher ein wenig mit den Furien aus der Sache gesprochen. Die zwei ersten begreifen schnell und verderben nicht leicht einen Scherz, wie du weißt, Plutus ist zufrieden, wenn er einen Führer hat, und die Furien waren ganz ausser sich vor Freuden, haben auch sogleich weitere Rüksprache mit den Harpien, der Sfinx und den Gorgonen genommen. Auch die Gräen werden gerne dazu helfen. Suche sie nur zusammen auf, und berichtige alles mit ihnen.

Aber

Aber — ich weis selbst noch nichts —
wolltest du mir nur ein Wort. —

Nicht eine Silbe — ich mus fort. Genug! dein Geschäft ist in Richtigkeit, wenn
du nur selbst willst, jene sind erfindsam, thä-
tig, bereit, und du — er lächelte — bist ein
Genie! — Er schwebte von dannen.

Halb ärgerlich und doch mit frohen Ahndungen stand, sann, gieng Furina. Wo ich
sie finden mag? fragte sie sich selbst. Da begegnete ihr die Spes im grünen Gewand mit
Anker und Lilie. Dein Anblik erfüllt mich
mit Zutrauen! rief Furina der Jungfrau zu
— o sprich, wo sind — —?

Unwillig verächtlich wandte sich die jung-
fräuliche Spes von der Verworfnen; aber
fliehend von der Missethäterin konnte sie nicht
verhüten, daß diese den Weg einschlug, welchen sie kam, und bald vor der festlich ertö-
nenden Höle stand; sie fand den Rath ver-
sammelt, den Merkur genannt hatte, nur der
satirische Momus war schon hinweg, und der
glühende Komus entflog eben vor der hölli-
schen Freude der noch bleibenden Scheusale.
Im verborgnen Winkel ächzte der gebundne
Ply-

Plutus, sprühend fluchte die gebundne Sfinx in Räthseln.

Lauter Willkomm empfieng die Eintretende; die Furien schüttelten die ewige Schwefelflammen, ihre Bärenohren schüttelten die Harpien aus dem Federbalge, die Gorgonen knüpften mit den ehernen Händen ihren Schlangengürtel, und abwechselnd gieng das eine Aug und der eine Zahn der Gemeinschaft von Gräe zu Gräe. Willkommen! brüllten alle im furchtbaren Einklang; hier hast du was du bedarfst. Waren wir nicht schöpferisch=fleißig?

Sie stellten ihr die neugebohrne Dämonen des Spiels und des Bankrots vor, und Misgeburten und Mütter umarmend rief die entzükte Furina: Jezt mag immerhin mein Tempel in der vierzehnten Abtheilung der hohen Roma zerfallen sein!

54.

Die Lehre des Künstlers.

Ja! rief ich — das ist sie, und das allein, die ächte Stellung des frommen Beters: der

Welt

Welt um ihn her vergeſſend, die er nur noch
mit dem niederſten Theil ſeines Daſeins berührt, ſtreben Bruſt und Haupt mit Herz und
Geiſt dem Himmel zu, den ſeine Züge aus-
ſprechen, an dem ſeine innige Blike hän-
gen, zu welchem ſich die gefalteten Hände heben! Dies kindliche Vertrauen, dieſe glühende
Inbrunſt, dieſes aufſchwebende Hingeben prä-
gen den Angehörigen der Unſterblichkeit auf
die ſterbliche Hülle. Heiligend geht die Andacht des verklärten Weſens auf den ſanft und
hehr mit fortgezognen Beſchauer über. Der
Genien edelſter ſchuf das Werk!'

Ich konnte mich von der Bildſäule nicht
trennen — ich konnt' es nicht, meine Knie
ſanken unwillkührlich neben ihr zur Erde, ihr
nach falteten ſich meine Hände, und aus dem
beſeelten Stein ſtrömte der Wiederſchein des
Himmels in die zum Himmel ſelbſt aufflie-
gende Sele.

Aber ſieh nun auch hieher! o ſieh und
genieſe, was die Erde bietet!

Ich hörte kaum, und folgte dem Aufruf
nicht. Er wurde zum bittenden, dann zum
beſchwörenden Ruf; den immer noch Zögern-

den

den faßten sanft gewaltsame Arme; den Him=
meln entriſſen wollt' ich der Stöhrung zür=
nen, als ich an Stimme, Antliz und Ge=
ſtalt den gutmüthigen Freund erkannte.

Du ſchwärmteſt lange genüg, ſagte er
lächelnd=verweiſend. Nun hieher!

Ich ſah den Marmor zum heitern Jüng=
ling verklärt; aus den Wellen des Bades hat=
ten ſich eben die ſchöne Formen erhoben, ſü=
ſes Wolbehagen dämmerte über liebliche Trun=
kenheit, die Lippen ſchienen leiſe Töne der
Wonne zu hauchen; leicht auf den linken Arm
geſtüzt, hüllte ſich der Götterſohn mit der
Rechten in das troknende Gewand, indeſſ die
läſſig ſinkende Knie den ſtillen Taumel ver=
riethen.

Strahlen des Entzükens im Auge pries
mein Freund das Meiſterwerk. Das iſt Le=
ben! rief er — wahres, warmes, blü=
hend=glühendes Leben! —. Göttergeiſt athmet
aus der Geniusſchöpfung! Bewundernd ver=
ſank er im raſtloſen Anſchaun, kaum verrieth
er ſelbſt noch ein Leben, das ganz in den
Marmor vor ſeinen Bliken übergegangen
ſchien.

Und

Und du ſchwärmſt nicht? fragt' ich jezt mit dem milden Ton des zurükgegebnen Ver-weiſes.

Er ſchwieg.

Brüder ſind unſere Jünglinge vielleicht, doch nicht Freunde, wie wir; folge mir zu dem Anbetenden.

Er faßte meine dargebotne Hand, ich drükte die ſeinige; ſanft machte ſich dieſe los, ich ſah herzlich auf den Verharrenden, und eilte zu meiner Beſchauung zurük.

Da traten zwiſchen beide Bildſäulen die Söhne des Liſippus im Verklärungsſtrahl. Mir winkte Bedas, Dahippus meinem Freunde.

Seid ihr die Dioskuren? riefen wir in froher Ueberraſchung.

Nur ſterbliche Künſtler — verſezten ſie.

Die Schöpfer dieſer Werke?

Brüderliche Künſtler.

O dann unſterblich! unſterblich!

Mit offnen Armen nahte jeder von uns dem Meiſter ſeiner Lieblingsſtatue.

Umarmt das Unkörperliche nicht, flüſter-ten ſie, wir erkennen euch.

Von

Vom Künstler auf das Kunstwerk, von diesem zu jenem wechselten unsere Blike."

Was die Erde Schönes giebt, sagte Dahippus, wollten wir ausdrüken —

Und, fuhr Bedas fort, wie das Schöne der Erde sich am Blik nach dem Himmel adelt.

Einer Idee entsproß das doppelte Werk! riefen wir. –

So ist's — darum bewundert, vereint; was vereint; den Sterblichen mit Erde und Himmel verbrüdert.

Nur der holde Nachhall hehrer Wahrheit war uns geblieben. Von den Spuren der nicht mehr Sichtbaren sich erhebend, fanden sich unsere Blike, die Herzen fanden sich, in der Umarmung.

55.

Der Erbe des Herilus.

———

Hinweg mit den falschen Gebeten an falsche Götter! Nur ein Wahres, nur ein Gutes besteht, überall ist sein Tempel, alle Men-

schen

schen sind seine Priester. Wer kann so tief
sich von sich selbst und dem errungnen Stand=
punkt verliehren, wenn er die Weisheit der
Alten, die Bildung der Neuen in sich saug=
te! Wer mag den gesegneten klassischen Bo=
den jeder schönen Zeit verlassen, um in den
Sümpfen verderbter Alltäglichkeit und ab=
würdigender Selbstsklaverei zu Grunde zu ge=
hen! Nein, meine Freunde! nicht vergeb=
lich wollen wir in dieser Weihestunde den
Blik unseres Geistes auf die hohe Vergan=
genheit der That, auf die lichte Gegenwart
des Gedankens, auf die reiche Zukunft ge=
müthlicher Ahndung geworfen haben — Re=
sultate — so edler Quellen würdig; Vorsäze
— so hehrer Erwartungen werth, sollen in
uns erwacht sein, um nie zu entschlummern,
und aufkeimen, um herrliche Frucht zu tra=
gen. Lebt wol, edle Jünglinge, lebt wol!
ehrt euch und unsere Lehre.

Damit schloß sich die feierliche Rede, die
ich von aussen unter dem schönen Säulenpor=
tal des Tempels mit angehört. Ein Geräusch,
das nach augenbliklicher Stille entstand, kün=
digte den Aufbruch der Versammlung an. Ich

trat

trat auf die Seite, und sah den begeisterten
Haufen herausströmen, und sich in die Pfade
vertheilen, welche unter blühenden Büschen
nach allen Richtungen giengen.

Eine nicht minder blühende Gestalt verlies die Hallen zulezt. Noch ruhte die Wär-
me des Redners auf dem ausgezeichneten und
doch nicht anziehenden Antliz. In Gedanken
verlohren scheinend, aber wirklich mit auf-
merksamen Bliken alles umher hütend, blieb
er auf der obersten Stufe der Marmortreppe
stehen: eine Säule verbarg mich dem Auf-
merksamen. Je achtsamer ich seine Züge zer-
gliederte, je schneller entfloh der Begeiste-
rungs-Nachglanz; das Ganze des Ausdruks
zerfloss unaufhaltsam in dämmernde Vereinz-
lung, und immer deutlicher wandelte sich das
Nicht-Anziehende in Zurükstosendes um. Jezt
war auch der lezte ferne Hall der scheidenden
Tritte verstummt, die Schaar der Bewunderer
legte dem Bewunderten keinen Zwang mehr
auf: ein Strahl höhnischer Freude schimmerte
über das stets dunklere Antliz. Sonderbar!
rief es in mir; unwillkührlich trat ich vor.

Der

Der Bewunderte schrekte zusammen; doch schnell sich fassend, verdrängte er den verrätherischen Abglanz der hämischen Freude von dem zurecht gerükten Gesicht, hüllte es in würdevolle Beselung, und nahte mir ernstfreundlich. Willkomm, Fremdling, sprach er liebreich; ich bin erfreut, dich in meiner stillen Einsamkeit zu sehn. O sage mir nicht, wer du bist — dessen bedarf es in diesen gastfreien Gründen nicht. Mensch zu sein, und die Weisheit und Wahrheit zu lieben, das genügt hier. Möchte es doch allenthalben genügen, und der filanthropische Wunsch der Besten aller Zeiten und meines Herzens wäre erfüllt, und die schöne Welt ein ewig unentstelltes Paradis.

Er faßte mich unter den Arm, führte mich in den holden Büschen umher, zeigte mir die Reize der von Kunst ausgebildeten Natur, die Altäre der Tugenden, aller wahrhaft Grosen Denkmäler, und die hehrsten Aussprüche der Weisen in Marmor und Erz verewigt. Zulezt standen wir, nach zurükgelegten Mäanbergängen, wieder vor dem Tempel.

Auch

Auch hier kam er, wie ſtets, meiner Frage zuvor. Du biſt jezt, ſagte er, im Mittelpunkt meiner, von gelehriger Kunſt, an die hohe Muttergabe der Natur angelehnten Schöpfung. Dieſer Tempel gehört der Göttin Feronia.

Schöne Wahl! waren nicht ihr vom ſinnreichen Alterthum die Luſtwälder geweiht?

Sie waren es; aber daſſelbe verklärte Alterthum — (Erlaube mir, es ſo im Gegenſaz der Neuzeit zu nennen, welche ſich ſtolz die aufgeklärte nennt!) beſchied ihrem Tempel noch eine höhere, Menſchen und Menſchheit ehrende Weihe. In ihren heiligen Mauern empfieng der losgefettete Sklave die Freiheit, und ihr Abzeichen, den Hut. So hab' ich dann in dieſem Hain, wo Weisheit und Wahrheit wohnen und thronen und lehren, den alten Dienſt hergeſtellt: Feronia's Tempel iſt hier der Verſammlungsort wißbegieriger Jünglinge, die ich vom Sinnenjoch befreie, und mit nie verläugneter Würde die Feſſeln einer ſchmählichen Sklaverei ſprengen lehre. Sie empfangen hier den moraliſchen Freiheitshut — du ſahſt ſie vielleicht hinweggehn, oder

be=

begegnetest ihnen. — Er schwieg einen Augenblik, und sezte dann strozend hinzu: das
waren meine Jünger — oder vielmehr, das
sind sie, denn sie bleiben es, einmal geweiht,
immer. Hier lernen sie von mir das Eine,
was des Lebens werth ist, und dem Leben
selbst Werth giebt, die Tugend; sie lernen
sich beherrschen, wie andere, der Gefahr tro-
zen wie der Lokung; das Böse und die Ver-
führung zernichten, und alles entbehren, um
alles, was ist, dem Guten allein zinsbar zu
machen.

Groser, würdiger Mann! wollte ich ausrufen — Eine unsichtbare Gewalt hielt mich
zurük.

Willst du einer aus ihrer Mitte sein,
sprach der Strozende, über mein Schweigen
etwas befremdet — so finde dich morgen mit
dem jungen Strahl des Tages hier ein. Auch
dir soll die Nahrung der Weisheit werden,
die Ambrosia der Wahrheit, und gerne — für
heute lebe wol; mich ruft die Stunde der Betrachtung. — Damit nikte er mir ernster, als
er wollte, wikelte sich in seinen Griechenmantel, und gieng. Ich sah ihm nach; mit glei-

chen

chen Schritten, verfolgte er den Weg, bis ich
ihn aus den Augen verlohr. Es war, als
schwebe die feierliche Betrachtung schon um
den sinnigen Waller, um im ersten Augenblik
seiner Ruhe sich über ihn niederzulassen.

O wär' es doch möglich, der sonderbaren Erscheinung belauschend in ihre Einsamkeit zu folgen! Der Wunsch stieg in meiner
Brust auf, und alsbald fühlte ich mich leicht
aufgehoben und sanft fortgetragen. Nicht
widerstehend und ahndungsvoll überlies ich
mich der stillen Gewalt, und dachte meines unwillkührlichen Verstummens von vorhin. In wenig Augenbliken stand ich unsichtbar in seinem verborgensten Gemach. Kaum
erkannte ich meinen Weisen wieder.

Von allem umringt, was seine Sinn-
lichkeit gewährt, und umwimmelt von ihren
Rüstungen und Dienern hatte er schon das
Gewand des klassischen Filosofen mit der
zierlichen Ausschmükung des modernen Luxus
vertauscht. Kein Wort kam von seinen Lippen, aber seine Blike sprachen zu Spiegeln
und Sklaven: jene gaben ihm von allen Seiten des bestrahlten Zimmers sein eigen Bild
wie-

wieder, diese zitterten vor den wortlosen Be-
fehlen und Drohungen. Das grose Werk
war vollendet, der Wagen gemeldet, wir
eilten die Treppe hinab, mein Wunsch sprach
leise, die unsichtbare Gewalt hob mich in den
schnell davon rollenden Wagen. Bald hatten
die dampfende Rosse das auf Federn ge-
wiegte Fuhrwerk in die Mitte der hochge-
thürmten, rauschenden, prächtigen Stadt gebracht.

Von dem Sofa der vorübergehenden
Ruhe folgt' ich als verborgner Zeuge dem
glänzenden Jünger der Weisheit zu Besuchen,
Gelagen und Festen. Wie Favonius flatterte
er um jede Blume der Schönheit, um jede
Göttin der Mode; wie Lukull schwelgte er
mit den Apizien der Esskunst und den tau-
melnden Priestern des Bacchus; alles Hohen
lachend, predigte er wizelnd-lüstern das
Reich der erdigen Cotitto, und sank in ihrem
Tempel — das war sein Stadtpallast — der
dumpfen Mitternacht bewußtlos in die Ra-
benarme.

Ich sas an seinem Lager. O möchtest
du einen Augenblik erwachen! rief mein stil-

ler

ler Wunsch, und dich schämen müssen! Des
stillen Wunsches treue Bundesgenossin, die
unsichtbare Macht wekte im Nu den unruhi=
gen Schläfer. — Aus dem bleichen Antliz des
Schwärmers — (der Morgenstrahl edler
Schwärmerei war unter den Ruinen der Ta=
geslust versunken) trat das stiere Aug tau=
melnden Staunens hervor.— Ha! willkomm,
stammelte er, mein Freund — auch hier bist
du — O du wakrer guter Geselle! noch ehe
du in den Vorhof meiner Lehre tritst, er=
blik' ich dich schon so nah' an ihrem Aller=
heiligsten. Frohe Entdekung! so giebt es
doch noch Auserkohrne, welchen Feronia die
längst von gewöhnlicher Menschenschwäche ver=
lohrnen Vorzüge gütig, wie mir, ertheilt!—
Lass' dich umarmen, mein Freund, du Glüks= und
Götterkind mit der Doppelsele — denn diese
hast du nun einmal gewis aus ihrem Füll=
horn, welches sich dir wenigstens zum Theil
öffnete.

Ich entwich der Umarmung, und der Halb=
trunkne entschlummerte wieder. Nein! rief
ich, die solche Doppelsele verleihende Fero=
nia verschmäh' ich auf immer! hinweg mit
der

der schändlichen Gabe eines Freiheitshutes, welchen der junge Tag beleuchtet, damit der Schmuz der Mitternacht ihn unwiederbringlich beflefe! Die hehre, ächte Freiheit des Innern wohnt in deinen Hallen nicht, Doppelzüngler mit der einen, verworfnen Sünderfele!

Noch dämmerte es nur leise in Osten. Der Schlummerer sprang rüstig vom Lager, forschte mit dem ersten Blik nach der Stelle, wo ich jezt nur unsichtbar sas, und rief. Eilende Sklaven brachten ihm seine Griechenkleider. Warum verspätet ihr euch, schalt er; ihr wisst, daß die Stunden der Lehre nahen — ich mus hinaus in die freie Natur und zu meinen Jüngern. Er kleidete sich eilend; der Wagen rollte vor die Pforte, ich beschloss auch die Rükreise unsichtbar mit zurükzulegen.

Da trat ein Bote in das Zimmer. Herr! sprach er mit geflügelten Worten — die Königin der Insel will dich alsbald vor sich sehn: schon harrt sie deiner, begleite mich.

Nur einen Moment! bat der demüthig Erfreute — ich folge dir gleich, hochgeehrter

Die=

Diener ihres erhabnen Willens; erlaube mir
nur, mich gehörig zu kleiden — du siehst, ich
war schon für das Land eingerichtet, wohin
ich eben dachte — Entschuldigend hielt er den
Boten auf, warf den Filosofenmantel ab, ein
Sklavenkleid um, und eine Kette um den linken Arm, denn so hatten sich die Schmeichler
eine eigne Hofuniform vorgeschrieben, auf
welche sie streng hielten. Ich folgte ohne
Hofuniform, in der Weltbürgertracht der Un-
sichtbarkeit.

Die Etikette brachte eine Verbeugung an
der Thüre, und eine unmittelbar vor der Königin mit sich; aber mein Feroniaspriester
machte zwei Erdfälle daraus, und kroch zwischen beiden auf dem Bauche fort.

Was befiehlt meine erhabne Gebieterin?
krächzte er devot, indem Stirne und Mund
den Boden küßten, und die gequetsche Nase
ihr Schiksal in Geduld trug.

Ich vergas den Kriecher neben mir gerne
und ganz über der hohen Himmelsgestalt vor
mir. Ihr Aug blizte einen Strahl des Un-
willens auf den ausgestrekten Sklaven, welchen dieser nicht sah, und ich in stillem Entzüken

züken pries. Ideen strahlten über ihr Gei=
stesantliz voll hoher Schönheit und Würde.
Sie schien die andrängende mit leichter Ge=
walt zurükzuhalten und schwieg.

Ich dreimal seliger Knecht! lispelte der
Mann auf der Erde, den dein Machtwort be=
rief — O laß es zu mir herabsteigen, daß
ich gehorsam zum Vollziehen fliege!

Bist du der Erbe des Herilus? fragte
die Königin.

Ja, Erhabne.

Dir gab Feronia wirklich drei Selen?

Sie gab sie mir, Aller=Verklärteste.

So ist denn Sklavensinn deine dritte!
murmelte ich. Die unsichtbare Gewalt schloß
mir den Mund, welchen Entrüstung hinge=
rissen.

Evander! rief die Fürstin.

Evander! schrie der Entsezte, sich vom
Boden aufraffend.

Die unsichtbare Macht neben mir ver=
körperte sich zum Sohn des Merkurs und der
Karmenta; vor dem elfenbeinernen Stab in
seiner Hand sank der Feronia'ssohn von neuem
zur Erde.

Drei=

Dreifacher Schwerdschlag entriff deinem
Erblaffer die dreifache Sele. Dem niedern
Erben genüge das!

Er berührte ihn dreimal mit dem Stabe,
und Schnabel-knarrend stand vor uns ein Ungeheuer mit Papageikopf und Affenfüffen am
Schweinsleibe.

Geh! rief die Fürstin, indem sie sich zu
Evanders hehrer Mutter, zur weiffagenden
Karmenta verklärte — geh, schmählicher Erbe
des Herilus, geh' dreimal Abscheulicher dreifach lächerlich umher. —

Und die ächte Feronia mit dem magischen
Hut ächter Freiheit in der Hand schwebte in
die Arme der Weiffagenden und Evander
schlang die Sohneshand um die Mutterbruft.

56.

St. Walliers-Fieber.

Tief in Federn gehüllt, bedekt von wärmen-
den Kiffen zitterte der Arme im zermalmen-
den Fieberfroft; die geschüttelte Kinladen klappten die Zähne zusammen, die Nerven-zerrten
sich

sich im unstillbaren Aufruhr, vom Haupt bis
zur Fussspize kroch der bange Schauer langsam quälend.   O weh! weh! rief er einmal
über das anderemal mit ächzender Stimme —
o weh! weh!

Der Arzt trat in das Zimmer — ach der
ächte war es noch nicht!

Was seh' ich! rief der mitten in der
Ueberraschung lächelnde Sohn Hippokrats.

Mus ich sterben? O lieber, als so leben.

Wie! Sie wissen noch nicht, daß seit gestern Ihr schöner Schwarzkopf schneeweiß ist!

Ist er das? Ach! das Alter hat mich früh
übereilt.

Der Arzt betrachtete seinen Pazienten mit
angenehmen Staunen.

Brav! sagte er, mich freut, Sie so filo-
sofisch gesinnt und stoisch fest zu finden. Nun
werden meine Mittel wirken; die Krise hat
sich, wie es scheint, diesesmal durch die Haare
gemacht.   Ja, ja, die Natur ist wunderbar
in ihren Werken, und reichhaltig in ihren
Wegen.

Die Krisis — versezte der Kranke mit
sinkender Stimme — macht sich durch den
Tod

Tod — ich fühl' es — hu! hu!! mich friert
— mich friert — O meine Sonne verlies
mich — Im Grab ist's warm! —

Er schlummerte ein, der Arzt schlich auf
den Zehen davon, und empfahl bei'm Erwachen ein Veteranglas Rheinwein.

Vor den Schlummernden trat eine Gestalt mit weissen Haaren. Was ist dir? fragte
die Erscheinung?

Seufzer waren die Antwort.

Wie? Unglüklicher! theilst du vielleicht
mein jammervolles Schiksal?

Auch du — — ächzte die Stimme aus
dem Bette.

Auch ich. — litt! O, in einer Nacht
bleichte der Kummer dies Haar!

Mein Schiksal! Erzähl' — o erzähle schnell
— schnell — du fielst, gleich mir —

Dem Lieblingswerk meines Lebens nach
— Nur zur Hälfte konnt' ich es retten —

O du Ueberglüklicher — nichts, nichts
konnt' ich retten, nicht einmal meinen Schlüssel —

Ja! noch eine Kiste blieb mir — Aber
ach! die andere —

Voll

Voll Orden?

Voll griechischer Handschriften verdarb auf dem Meere!

Handschriften! Griechisch! (der frierende Ton wurde geringschäzig) Wer bist du?

Guarini —

Ein Pedant meines gleichen? Ich bin — ach! ich war —.— Hofmarschall.

Verächtlich glitt Guarini's Schatten weiter, der Pazient klapperte vor Frost und Zorn zugleich. Lieber noch einmal — und grofer Himmel, das ist viel gesagt! — lieber noch einmal in Ungnade gefallen, als noch einen solchen Kollegen in der Weisheit der Haare zu finden!

Vor den Bebenden trat in Pelze gehüllt, und zitternd wie er, ein anderer Schatten; aus der Zeit Franz des I. war sein Gewand, schneeweis sein Haar.

Ich beklage dich, sprach er mit hohlem Tone

O ich bin beklagenswürdig.

Du fielst — — —

In den Abgrund.

Dir ist nicht zu helfen —

Wie-

Wiederkehr der Gnade nur —
Nein!

Weissagender Schatten! du untersagst mir jede Hoffnung!

Hoffe —

Ich darf!

Doch Genesung —

Neue Gnade ist Heilung.

Iu einer Nacht färbte ein schreklich Urtheil mein Haupt um —.

Auch meines.

Gnade erflehte meine Tochter —

Herrlicher Gedanke — he! wekt meine Tochter — —

Die Geliebte ihres Fürsten wurde Diana —

Ganz vortrefflicher Gedanke! — he! meine Tochter soll eilen —

Doch genas ich nimmer —

Du bist St. Vallier —

Ich bin's —

Uns modernen Höflingen hilft dein Dianenpulver immer.

Die Tochter erschien, sagte Nein und das St. Valliersfieber vergieng nicht.

———————

57. Die

57.

Die reisende Thiere.

Am buschigen Hügel saß der stolze Greif;
das Adleraug hütete, was die mächtige, Lö=
wenklaue zu schützen versprach.

Ein Kleinod bewachst du, flüsterte der vor=
überschwebende Schmetterling — Wahre dich,
guter Greif, wahre dich. Ich komme aus der
brausenden, lärmenden Welt: dort gilt es dei=
nem Kleinod.

Ich weiß das, versetzte ruhig-hoch der
Greif.

Du bist ein edles Wesen, lieber Greif,
fuhr der geschwäzige Schmetterling fort, und
ein tapferes, und ein besonderer Liebling der
regierenden Geister und weisen Zauberer —
das ist alles wahr, doch — —. —

Sei du unbesorgt um meinetwillen, gu=
ter Schmetterling, und verfolge deine Reise;
ich wäre untröstlich, wenn ich dich von dei=
nen wichtigen Geschäften abhielte —

Nimm meine gut gemeinte Warnung nicht
übel auf, ich bitte dich recht inständig —

Gar

Gar nicht, mein Kind —

Ich will niemanden übel, aber das Allerbeste wünsch' ich dir.

Sehr überzeugt und hoch verbunden. Glaube mir übrigens, schöner Freund, daß ich selbst nichts herzlicher wünsche, als — —

Die Gefahr heraus zu fordern —? Ich erkenne dich —

Als mein Kleinod in gute Hände zu bringen.

Nun was das betrifft — —

So denkst du mit mir, daß die Menschen nicht gerne vom Diamant der Erfahrung bre= chen, so sehr er auch der einzige ist, der sich brechen läßt, (kommen anders die rechten Hän= de darüber) und sich von selbst wieder er= gänzt. Diese schöne Doppel=Eigenschaft läßt mich denn gern ruhig sein, wenn vorerwähnte rechte Hände sich einfinden.

Aber — reisende — Thiere —

Die machen sich auf?

Du besiehst dir den mächtigen Schnabel, die furchtbare Klauen, und ringelst den gold= nen Schweif; deinen Muth schrekt kein — —

Kein Name, lieber Schmetterling.

Aber — —

Sahst

Sahſt du ihrer? Wie ſehn ſie aus?

Ich ſah ſie nicht. Schon der Name that meinen zarten Nerven weh genug, und ich floh vor ihm — — —,

Für T h i e r e wächſt nun freilich mein Kleinod nicht im Schoos der Erde ſagte der Greif nachdrüklich: reiſend oder nicht reiſend müſſen oder mögen ſie abziehn. — Ich werde mich einrichten.

Er wezte den Schnabel, ſchärfte die Klauen. Ein gros Geräuſch erhob ſich. —

Sie kommen! ſchrie der zitternde Schmet= terling, und entfloh. Der Greif machte ſich kampffertig.

Eine Menge zierlicher Sänften wurden von läutenden Maulthieren hergetragen.

Noch ſeh' ich nichts von reiſenden Thie= ren, ſagte, ſeine Rüſtungen aufſchiebend, der Greif:

Aus jeder Sänfte gukte ein junges und ein altes Geſicht.

Thiere? immerhin! murrte der Greif; aber reiſend? nein! — damit ſtellte er ſeine Rüſtungen ein.

Die

Die Sänften umkreisten den buschigen Hügel; das junge Gesicht sah nach allen vier Winden, das alte Gesicht schrieb beständig mit Silberstift in eine grose Schreibtafel, beide schrien laut dazwischen: wir reisen! wir reisen!

Wir reisen! wir reisen! antwortete der Wiederhall.

Der Greif legte sich nieder, Sieste zu machen. Noch nie war mein Kleinod so sicher sagte er — lange werd' ich nicht wieder so süs schlummern, als ich's jezt vorhabe.

58.

Verschmelzungsgabe.

Ich bitte, mir den historischen Roman in Frieden zu lassen; er ist in seiner Art noch weit verdienstlicher, als die romantische Historie, welche doch auch ihr Gutes hat für Dichter, Dilettanten und Manifestenschreiber, selbst in dem Fall, wo leztere zu spät fertig werden, und den Senf zum Kaffe liefern.

Mei-

Meines Orts geb' ich Ihnen das Zwit-
tergeschöpf, den keinen Wechselbalg der Klio
und Apolls herzlich gerne Preis, wenn Sie
mir dagegen nur die miſtiſche Gattung nicht
anfechten. Zwar vertheidigt ſie ſich immer
von ſelbſt, weil ſie im Gemüthe der Meiſten
wenigſtens geheime Bundesgenoſſen hat; doch
iſt es beſſer und zugleich rührender, die Him-
melsgefühle und Empiräums-Ahndungen der
Engelſelen im Fleiſche, nicht zu ſtöhren. Und
die miſtiſche Gattung wäre dann ſo eine wahre
Jakobsleiter vom blauen Dom zu der grünen
Erde, welche keine Frevelhand verrüken, auch
nicht erſchüttern ſoll.

Meine Herren, Sie haben beide Recht
— — —

Hm!
Hm!
Ja — beide haben Sie Recht, das darf
ich ſagen, und das hab' ich bewährt, weil
meine fruchtbare Muſe beide Gattungen, deren Schuz Sie einſeitig übernehmen, durch
holde Vereinigung in ein ſchönes, reizendes,
allgefälliges — w i r k ſ a m e s Ganze ver-
ſchmolz.

Morfeus.   19   Die

Die disputirende Herren blikten auf den vermittelnd=Entscheidenden im braunen Roke.

Sollen wir glauben? fragte der eine, mit süslichem Zweifelton.

Müssen wir nicht, von beweglicher, innerlicher Jnnbrunst ergriffen? erwiederte der andere, indeß sein Aug' unhold auf den Zweifler blikte, und seine Hand brüderlich dem Vermittler nahte.

Der Braunrok faßte den Romantiko=Historiker, und den Mistiker zusammen, als wären sie zwei Bände seines neuésten Werks, und lud sie nach den Misterien seiner Kompositionskunst ein.

Sie traten durch ein griechisch Portal in ein modernés Stiegenhaus, und am Ende der Stiege in ein erz=gothisches Kämmerchen.

Hm! rief der Misterienmann betroffen.

Ein Geist! stammelte entsezt der historische Romanenmann.

Ein Ueberirdischer! seufzte lämmelnd der Mistiker.

Aber ein Mann im schwarzen Roke stand ernst genug von dem Schreibtische des Manns im braunen Roke auf, sah einige Minuten
hin=

hindurch auf das langſam nahende Trio, und
ſprach zuletzt feierlich: Ich habe mitgewirkt.

Das Trio lauſchte.

Ich werde das Werk nicht verlaſſen, fuhr
er fort.

Der Miſtiker rieb ſich froh die Hände.

Ich werde mit dir ſein, mein Sohn! auf
allen deinen Wegen, ſprach der Mann im
ſchwarzen Roke zu dem im braunen, unter
welchem ich jezt einen Strik, wie über je‐
nem einen Gürtel gewahrte.

Der Braunrok flog zu ſeinen Blättern,
Iſak Berruier verſchwand, und der Hiſtori‐
ker wie der Miſtiker ſtaunten mit ofnem Mun‐
de an, was bald nachher von der Menge
verſchlungen, und ſelten verſtanden, aber
darum nicht minder, wenn gleich nicht heil‐
ſam fruchtbar wurde.

59.

Original‐Sang.

Die Filoſofie geht ſpazieren?
Warum ſollte ſie nicht?
O was mich betrift, ſo finde ich nichts

zu erinnern — im Gegentheil scheinen mir
Erholung und Beobachtung nur dabei gewinnen zu können. Aber ich fürchte, ich fürchte

———

· Aechte Angehörige der ächten Filosofie
fürchten so eigentlich — nichts.

Auch bezieht sich meine Besorgnis nicht
auf mich; sie umfaßt meine gute Landsleute.

Haben diese nicht treu und warm und fest
zu den Fahnen der hohen Göttin geschworen?

Allerdings — doch steht zu befahren, daß
die drei Viertheile der filosofischen Legion
Reissaus nehmen, wenn die Kunde von den
Spaziergängen der Göttin zu ihr gelangt.

Das könnte auf dem klassischen Boden
Leibnizens geschehen?

Die gute Legion denkt sich die erhabne
Göttin im amazonischen Nachtkleid hinter dem
Bücher=beschwerten Schreibtisch, nur zum Unendlichen aufblikend, dann auf's endliche Blatt
schreibend.

Haben die Leute ihren mathematischen
Weltbeschauer vergessen?

Die Sisteme haben sie angebaut, darüber sind sie Mauerhoker geworden.

Und

Und den kritischen Kosmologen?

Sein eherner Ruf stürzte Jericho'smauern, doch an's Sizen gewöhnt, ruhen die fleißigen Leutchen nur im freien Felde auf den über= schlagenen Beinen, und — —

Aber Natur! Natur! schallt es ja unauf= hörlich zu uns herauf. Der Urgöttin Name mit dem Namen der göttlichen Filosofie ver= bunden, flößt uns allen hier oben im Tem= pel Freude und Zutrauen ein, daß wan= delnd viele aus der Tiefe zum Heiligthum aufsteigen mögen!

Ich sah sie, du hörtest sie nur —

Und wie sahst du sie?

Einen Schattenriß in goldner Rahme hal= ten sie in der Hand — —

Einen Schattenriß?

Schwarz auf weis —

Papier?

Und drunter steht geschrieben: Natur!

Geschrieben!

Oben drüber kannst du lesen — Filosofie!

Wieder geschrieben?

Alles Papier! alles Buchstaben, nur in hundertfältig verschiedner Form —

Da=

Damit wären sie zufrieden?

Sie sind's, und um deswillen werden der Göttin Spaziergänge ihnen ein Greuel sein!

Den Schattenrissen zu Liebe verläßt meine Göttin weder die ewige Sonne, noch die unvergängliche Fluren des hohen Lebens.

Welch Geräusch!

Ich staune — noch nie hörte man solchen Lärm in diesen Gefilden!

O sieh! sieh!

Das ist der Hexenbezwinger Thomasius!

Was für ein Ungeheuer schleppt er am Kragen?

Ich kenne keines — somit auch dieses nicht.

Freund! O Priester des ächten Tempels! ich erkenn' es nun —

Gräsliches Unding! was ist es?

— Das Original der Schattenrisse, die sie da unten im Papier und Nachbeten verehren!

60.

Die vier Fortunen.

—————

Kommt, fromme Beter! rief eine freundliche
Stimme aus dem Tempel — hier wohnt die
grose, die mächtige Fortuna. In euren Augen glänzt der Strahl des Wunsches, dessen
Glut eure Herzen erfüllt: schreitet die Marmorstufen hinan, erhebt die flehende Hände
zum Himmel, und hoffet — hoffet — hoffet!

Fünf verschleierte Paare, je ein Jüngling und ein Mädchen, stiegen die glänzende
Stufen hinauf, und traten in das Heiligthum — Eine helle Rotonde empfieng sie;
durch die hohe Kupel strahlte der Himmel
seine Glorie abwärts, eine verschleierte Bildsäule stand auf dem Altar in Mitte der Rotonde, kein Priester war sichtbar wie kein
Opfer, keine Flamme brannte an der geweihten Stätte, kein Weihrauch dampfte.
Nur leiser lieblicher Gesang tönte aus der
Ferne — er schien in harmonischer Abwechslung vier Abtheilungen zu entschweben, welche

che sich an das Heiligthum schloſſen, und durch vier leuchtende Pforten bezeichnet waren.

Die Paare standen und sannen — sannen und wählten — wählten, und vier giengen, jedes nach einer der Pforten; vor dem Altar mit der verschleierten Bildsäule blieb das fünfte, in stiller Andacht.

Die vier Pforten öfneten sich, jedes Paar schritt durch die von ihm erwählte, der gedämpfte Gesang schwieg, heiliges Schweigen herrschte ringsum, als die lezte Schritte der Wandelnden verhallt waren — das Paar vor dem Altar blikte zum Himmelslicht, welches die hohe Kugel vergoldete, sank auf die Knie, und sandte, Hände und Herzen einigend, das warme Gebet stiller Innbrunst aufwärts.

Rauschende Musik ertönte; die Pforte der männlichen Fortuna sprang: mirthen-umkränzt eilte das erste wallfahrtende Paar entschleiert — es war Abelard und Heloise — mit wankenden Schritten hervor, — Sinnenrausch glühte aus den unsteten Bliken, der Purpur der Lust auf den Wangen, in der Hand des Jünglings funkelte der schäumende Becher, entblätterte Rosen fielen aus den Händen

den des Mädchens — Das schönste freie Glük
errang ich mit der Weisheit zugleich! rief er
— mein Alles gab ich glüklich und frei an
die Höhe der Weisheit! rief sie; dann stürmten sie mänadisch nach dem Altar, und wollten das Bild der Weihe mit frevelnder Gewalt entschleiern — der Boden öffnete sich
unter den strauchelnden Füsen, sie sanken,
sanken, verschwanden.

Und eine Priesterin im Gewand des ve-
stalischen Diensts erschien am Altar mit den
sibillinischen Büchern, und rief: die grose Fortuna verwirft unheilige Herzen und straft fre-
velnde Hände. Erhebt die rein wirkenden lie-
bevoll zum Himmel, und hoffet — hoffet —
hoffet! Die Priesterin verschwand; ungestört
betete das verschleierte Paar, Hände wie Herzen einigend, am Altar der Weihe.

Frigische Flöten ertönten in das anmu-
thige Spiel sanft zitternder Saiten. Die Pforte
der weiblichen Fortuna that sich auf.
Leicht wie Zefir, und wie Flora geschmükt,
entschwebte ihr das zweite wallfahrtende Mädchen in Ninons Gestalt mit süsen Bliken und
blühenden Ketten aus Kindern des Frühlings,

und

und zog an den reizenden Feſſeln ihren Gefährten, und mit ihm eine ſchmachtende Schaar
Jünglinge nach ſich: lächelnden Jubels blikte
ſie auf die ſeufzenden Sklaven, die bald zürnend die unzerreißbare Ketten ſchüttelten, bald
ſie anbetend an Bruſt und Lippen drükten.
Das Glük der herrſchenden Schönheit iſt mein!
rief ſie — der herrſchenden Schönheit zu die-
nen, beſeligt uns! rief der anbetende Haufe.
Siegreich eilte ſie und ſtolz nach dem Altar,
flatterte dem betenden Paar vorüber die Stufen hinan, und legte die kühne Alabaſterhand
an das verhüllte Bild der Weihe. Der Boden öfnete ſich unter den fliehenden Schritten der Entſezten, ſie ſank, ſank mit der
Sklavenſchaar, und alle verſchwanden.

Und die Prieſterin in Veſta's Gewand
und mit den ſibilliniſchen Büchern rief am geheiligten Altar: Verwerfung und Strafe trift
Entweihung und Frevel! liebet, wirket, und
hoffet — hoffet — hoffet! — Herzen und Hände einigend, flehte das verſchleierte Paar in
ſtiller Inbrunſt am Altar der Weihe.

Waffenklang ſchallte in das Gebraus krie-
geriſcher Muſik. Mit lautem Toſen öfnete
ſich

sich die Pforte der starken Fortuna: glänzend trat das dritte Paar der Waller in dem
Nordlöwen Karl und der Amazone d'Eon hervor. Stolz schlug jener an das Schwerd, verächtlich sah er auf die Gefährtin herab, und
rief: Kraft ist Glük — ich verschmähe die
Aeffin der Kraft — verächtlich trat diese Blumen zu Boden, schwang stolz das eroberte
Schwerd, und rief: Kraft adelt Schwäche —
ich verschmähe, die Ohnmacht des Weibes von
mir werfend, der Schwäche zahmes Glük!
Die stille Beter verdrängend, stiegen sie her-
risch zum verschleierten Bild, es zu enthül-
len — Sie sanken, sanken in den gähnenden
Abgrund, und die sibillinische Vestalin rief,
schnell wieder verschwindend, den Racheruf
zum drittenmal. Aber Herzen wie Hände einigend, flehte das innig verbundne Paar zu
den Stufen des Weihaltars.

Jubelgeschrei und der Trompeten Feier-
ton schmetterten laut durch die heilige Hallen, und die Pforte der Fortuna des Gemeinwols wich vor dem vierten Paar aus
erschütterten Angeln. Von Lorbern bedekt er-
schienen Pompejus und Zenobia. Wir sieg-
ten

500

ten für das Gemeinwol! riefen sie — unser
ist Tempel und Heiligthum, unser sind die
Weihe und ihr verschleiertes Bild. Unter ihren andringenden Tritten bebten die Stufen,
die Stufen wichen, die Erde zitterte, borst
und verschlang sie —

Und die Priesterin der Vesta öfnete die
sibillinische Bücher, und rief: Wehe dem un-
reinen Stolz der Weihe! der entweihenden
Hand des Wagestüks, Wehe! Wirket innigen
Herzens, und reinen Herzens hoffet — hoffet — hoffet! — Sie verschwand, und Hände
und Herzen einigend, kniete das verschleierte
Paar in stiller Seligkeit an den Stufen des
geheiligten Altars.

Aber die Priesterin verschwand auch zum
viertenmale, sagte der Jüngling — innigen
Herzens beteten, reinen Herzens hofften wir
— im Innern betend und hoffend, und immer rein lass' uns, Geliebte, nun wirken.
Vertrau'st du dich meiner Führung?

Innig schmiegte sich das Mädchen an ihn.
Wir beten und hoffen, sprach sie mit unend-
lichem Wollaut; handle du nur, ich folge dir.
Eine

Eine leiſe Ahndung im Buſen ſagt mir: ſo
ſei es recht.

Sie umarmten ſich, leichtes Wehen durch-
flüſterte das Heiligthum.

Hörſt du der Götter billigende Stimme?
fragte zärtlich der Jüngling.

Ich vertraute dir früher — ich bete ſie
vertrauend an! erwiederte innig das Mädchen.

Sie erhoben ſich zur Wallfahrt. Da rauſch-
te es um das Götterbild, unter der Hülle bewegte ſich ſanft der rechte Arm, ahndend trat
der Jüngling die Stufen hinan, ſchüchtern
folgte das Mädchen, die verborgne Gottheit
nahm den Schleier von ſeinem Haupte, der
Schleier des Mädchens blieb unberührt, der
enthüllende Arm ſank langſam, das heilige
Rauſchen vertönte.

Ein Doppelblik des vertrauenden Danks
ſtieg, von zwei innigen Herzen geleitet, zum
Götterbilde, dann zum hohen Dom; nochmal
umarmte ſich das liebende Paar und gieng.

Alle Pforten wären ſtill von unſichtbaren
Mächten geöfnet. Sie giengen von einer zur
andern, und laſen die Ueberſchriften. Wo be-
gin-

ginnen wir einzutreten? fragte der Jüngling
die geliebte Gefährtin.

An dem Heiligthum deines Glüks! sprach
sie zart bittend.

Nein! erwiederte er lebhaft — das Dei=
nige zieht mich unwiderstehlich an.

Er faßte sie mit sanfter Gewalt — mit
sanftem Widerstand weigerte sie.

Haben wir denn nicht dasselbe? nur
eines? entschied sie den Wettkampf der lie=
benden Besorgnis.

Dasselbe? nur eines! rief er warm.

So kann das Beginnen nicht zweifelhaft
sein — und du bist Führer.

Er schritt, von ihren schwebenden Schrit=
ten begleitet, rasch nach der Pforte der weib=
lichen Fortuna.

Plözlich hielt sie ihn auf. Geliebter! flü=
sterte sie — unsers Glüks Tempel ist im In=
nern unserer Herzen — wir bedürfen dieser
Wallfahrten nicht. — Aber du bist Mann und
Bürger, edle Kraft und Gemeinwol rufen
dir — laß' diese uns unnüze Kapellen, und
geh' zur Pforte der starken, der Fortuna
des Gemeinwols ein. Der Held für das
Va=

Vaterland wird mir den Geliebten und uns das ſtille Glük verklären.

Mit reiner Himmelsglut ſchloß er ſie an das pochende Herz, im wallenden Buſen ſprách beiden das Bewußtſein gewiſſer Seligkeit.

Sie wallten lebhaft nach der ehernen Pforte der ſtarken Fortuna. Sie ſtanden vor ihr.

Ich fühle mich ſtark, ſprach der Jüngling. Reinen Herzens, geliebt, glüklich, troz' ich jeder Gefahr. Ich bedarf auch hier des Eintritts nicht.

Die Geliebte hieng an dem blühenden Helden.

Aber du? fragte er zärtlich — des Starken Gattin wandelt oft mit ihm auf rauhen Pfaden — du! ſezte er gefühlvoll hinzu — laſſ' uns hier von der gütigen Fortuna um Kraft für das weichere Weſen, die Gefahren des ſtärkern zu theilen; um Kraft für das ſtärkere, die Leiden, welche dem weichern aus ſolcher Theilnehmung ſproſſen, zu tragen, ohne der Pflicht zu entweichen; laſſ' uns um dieſ' holde Gaben der Götter hier fleh'n.

Im liebevollen Auge des Mädchens ſtrahlte hohe Entſchloſſenheit.

In

In unserer Liebe und deinem Werth hab' ich sie schon, sprach sie erhaben. — Alles gaben mir die Götter mit beiden und dir — Auch ich bedarf hier des Eintritts nicht.

Sie zog den Entzükten sanft fort nach der Pforte der Fortuna des Gemeinwols.

Mein Vaterland! rief er, an der Schwelle harrend, und meine Liebe! du und Gemeinwol! Sie füllen mein Wesen, sie sind es — was kann ich hier noch finden?

Du und Vaterland! Gemeinwol und Liebe! rief sie — wir können hier nichts mehr finden!

Zum Altar der Weihe laß' uns zurükgehn —

dort beten!

dort geloben!

danken!

besizen!

glüklich sein! riefen beide

Sie traten zum Altar, die Schleier des Götterbildes sanken — himmlisch lächelnd schwebte Fortuna über dem Heiligthum, wo in reiner Flamme olimpischer Weihrauch Ambrosia duftete.

Hof=

Hoffende Beter reinen und innigen Her=
zens — ihr besizet! Nimmer weicht im Le=
ben süser Wechselliebe, edler Kraft und hei=
ligen Wirkens die von euch erkannte ein=
zige, eine Fortuna des höhern Daseins von
euch! Auch im Untergang lächelt sie den vier=
mal Seligen.

Verschwindend reichte sie den Jubel=Ver=
kärten die unvergängliche Bürgerkrone aus
Mirthen, Rosen und Lorbern. Auf den Spu=
ren der Verschwindenden lächelten ihnen zwei
schnell vorüberschwebende Schatten.

Pätus und Arria! riefen sie in seliger
Umarmung vereint.

Erwachend sprach das Doppel=Ich: Es
giebt nur eine Fortuna; ihr Tempel ist ein
Doppelherz, ihr Fest ein Doppelleben!

———————

Begleitungs = Blätter.

***

I.

Pausanias, aus Zäsarea in Kappadozien ist
bekannt durch Bereisung der zu seiner Zeit
(150—180 J. nach Kr. Geb.) kultivirten Welt,
und durch Griechenlands Beschreibung in zehn
Büchern: in der modernen Literaturwelt wä=
ren vielleicht zehn Bände daraus geworden,
damals kannte man aber weder Subskripzion
noch Pränumerazion. Er berichtet, daß er
auf der Kiste des Kipselus die hier geschil=
derte Gruppe der Nacht, des Todes, des
Schlafs und der Träume abgebildet gesehen.
Nach dieser Erzählung hat sie in Moriz Göt=
terlehre S. 45. ein neuer Künstler in Umris=
sen nachgebildet. Auf derselben Kupfertafel
findet sich auch die zweite Gruppe unsers
Traums nach einer antiken Gemme entwor=
fen. Die dritte mit den Parzen gehört dem
Traum' allein; — hoffentlich gilt er um der
klassischen Anspielungen willen nicht für ei=
nen schweren, wie manche das Leben nennen!

wo=

wobei aber zu bemerken ist, daß diese gute
Leute und anmasliche Duodez= und Viertel=
stunden=Timone (nicht von Athen) sich mei=
stens im Soupiren, oder im Zudeken, oder
im Ausruhen übernehmen.

2.

Wer kennt den Sänger der Freude mit
dem rosenbekränzten Silberhaar nicht? wer
nicht Makfersons Barden und die holde Bar=
dentochter? und den freundlich=weisen Wirth
der Simposien, welchem ein durch Leichtsinn,
Geist und grose Männer gleich sehr berühm=
tes Volk die heilende Lehre durch den gifti=
gen Trank vergalt?

3.

Vergieb es dem Herbste der Literatur, ed=
ler Sänger des Frühlings, daß diese Zeilen
daran erinnern, wie Teutschlands Thomson
— zugleich würdig, Teutschlands Leonidas zu
sein — der treuen begeisternden Gesellschaft
der Muse unter den Donnern des Kriegs ge=
noss! Fleuch, nette Gestalt in veilblauem Ge=
wand und grünem Schleier, fleuch mit dei=
nem

nem äſthetiſchen Thon- und Thorenkram von
den vaterländiſchen Fluren, der Herbſt flieht
dann mit dir, und dem fruchtbaren Boden
klaſſiſcher Muſter entſproſſt neuer Frühling
mit ſeinen lieblichen Kindern.

4.

Harduin Beaumont von Pereſixe ver-

chelieu's, dem Kardinal ſeine Bildung. Vom
Doktor der Sorbonne ſtieg er zum Prediger, dann zu Ludwigs XIV. Lehrer und zum
Biſchofsſtuhle von Rhodos. Aber Richelieu's
Zögling entſagte dem geiſtlichen Hirtenſtabe,
um ſeinem königlichen Zögling ungetheilt zu
leben, welcher ihn in der Folge zum Kanzler
ſeiner Orden, zum Siegelbewahrer, zum Erz-
biſchoff von Paris ernannte. Er ſchrieb eine
treffliche Geſchichte Heinrichs IV. (die beſte Aus-
gabe bei Elzevir 1661. 12.) und die Fürſten-
bildung (Institutio principis, 1647. 16.) — Das
Huhn im Sonntags-Topfe wurde zum längſt
bekannten Sprüchworte — Möchte ihm auch
ſtets das all-anerkannte Recht der Sprüch-
wörter auf Wahrheit zu Theil werden!

5. Va-

5.

Watelet und Helvezius hatten mit vielen lebendigen Goldkisten Frankreichs Finanzgold gemein, aber die eignen reichen Geister vor‑aus. Des erſten Garten‑Anlagen bei Mou‑lin‑Joli, ſeine Gedichte über Mahlerei und Gärten, ſein Wörterbuch der Mahler‑ Bild‑ner‑ und Kupferſtecherkunſt; des andern ein konfiszirendes Parlament überlebender Esprit, den Fall ſeiner Paradoxen überſchwebender l'homme, ſein Gedicht über das Glük, ſo wie beider treflicher Charakter, menſchenfreundli‑ches Gemüth, wolthätiges Leben, zeugen für die Möglichkeit, jede Bildung und hohen Ge‑brauch mit dem Reichthum zu verbinden. So mögen denn filoſofiſche Kapuziner aufhören, deſſen edle Kraft zu läugnen: man bilde ſie; der Ozean bleibt Ozean — auch ohne unſere Schiffe — aber was wird er nicht durch ſie für uns!

Virgils Grabmal wekte Bokazen aus der Lethargie eines ihm läſtigen, von dem Vater ihm aufgedrungnen Berufs. Im acht und zwanzigſten Jahre und nach vielen Reiſen, er‑
ſchien

schien ihm der Augenblik der Wiedergeburt am Monument jener heiligen Asche. (1341.)

Apollonios von Rhodos, unter Ptolemäus Evergetes zu Alexandrien gebohren, Kallimachs von Zirene Schüler, dichtete die Argonau= tika in vier Büchern, seine meisterhafte Me= dea soll das Urbild von Virgils Dido gewor= den sein. — Sein Lehrer Kallimach, Biblio= thekar des Ptolemäus Filadelfus, hat der Sage nach mehr als acht hundert Gedichte geschrie= ben, deren wenige auf uns kamen. Hätten doch die Egipter einen Fust und Guttenberg gehabt, und wir einen wolthätigen Omars= Brand!

Macchiavel (1469—1527) im dreißigsten Jahre Staatssekretär, vierzehn Jahre hindurch thätiger Staatsmann, verwikelt in den Zeit= Schlingen, sie frei und selenstark entwikelnd, geistesreich genug für die Erholung schöpferi= scher Kunstliebe, trozte der Politik, der Fol= ter, dem Kriege, und blieb immer gleich gros.

Vaillant begann als Organist bei den Ho= spitaliterinnen zu Pontoise.

Der Mahler Taddeo Zucchero schlief als Knabe unter Roms Kirchen = Arkaden, und

fand

fand die erste Hilfe bei seinem Vetter Gro-
teskenmahler.

Watebled (auch Vatable und Gaftebled
1530) tiefer Kenner der Hebräischen Sprache, wurde ihr Lehrer an dem königlichen Kol-
leg, welches Franz I. stiftete, und wohin er
ihn ernannte; die Juden besuchten seine klaf-
sische Vorlesungen ihrer Muttersprache.

Thomas Boschaerts, zu Berg (1613)

Filipp Wouvermans, (1620—1668) lebend den Kunsthändlern zinsbar, nach seinem
Tode gefeiert.

Jakob Wallius, (1599—1680) ein Jesuit.

Antonio Veneziano von Florenz (1309—
1383) mahlte mit Jahrhunderte überlebenden
Farben in frischen Kalk, ohne das getroknete
Gemälde überarbeiten zu müssen.

Don Juan de Valdes von Sevilla (1631—
1691) Mahler, Bildner, Baumeister, der Sohn
des eignen Genius, hoher Künstler, nie auf
klassischem Boden gewesen, verklärte aber seinen Heimathsboden mit klassischem Ruhm.

Franz Wouters (1614—1659) Rubens
Schüler, fiel zu Antwerpen durch einen Pi-
stolenschuß.

Tizian

Tizian (Vecellio) aus Cadore (1477—1576) fühlte die Abnahme seines Gesichts nicht, und glaubte den geschwächten Augen, das Kolorit seiner frühern Gemälde sei nicht kräftig genug. Er beschloß sie zu übermahlen. Da mischten seine Schüler Olivenoel unter die Farben, welche nun nicht troknend, in Abwesenheit des alten Meisters von den rettenden Gehilfen wieder abgewaschen wurden.

6.

Wenn das Glük dich zu Bergeshöhn hinauf ruft,
Laß' dein stilles Gemüth im Thal zurüke:
Sicher wohnet es sich auf schöner Ebné,
Sichrer im Thale. *)

7.

Metabus, Fürst zu Privernum, floh vor empörten, verfolgenden Unterthanen. Im schüzenden Arm trug er die kleine liebliche Tochter Kamilla; rettend eilte der Vaterfuß, bang klopfte das Vaterherz. Da braußten

dem

---

*) Herder.

dem Odemlofen plözlich die Fluthen des Amaſenus entgegen: und ſo ſchnell berathen, als Gefahr erblikend umwand er das Kind mit Gras, band es an den Wurffspies, und ſchleuderte es — dem Dienſt der Diana die Zarte verlobend — an das jenſeitige Ufer. Dann ſchwamm der Vater ſelbſt durch die Wogen dem geretteten Kleinod nach.

8.

Zu Orleans 1583 gebohren, wurde Dionis Petau (Pâtus, Petavius) Jeſuit in Paris. — In ernſten und ſchönen Wiſſenſchaften bewandert, erwarb er ſich vorzüglich klaſſiſches Verdienſt und ausgebreiteten Ruhm in der Wiſſenſchaft der Zeitrechnung. Aber er wußte auch praktiſch den Werth der Zeit, die Kürze des thätigen Lebens für die höhere Wirkſamkeit zu behaupten. Filipp IV. von Spanien berief ihn nach Madrid, Urban VIII. nach Rom, der Kirchenpurpur war ihm beſtimmt — doch umſonſt. Der Zeitenberechner blieb frei und einſam. Er war nur in ſeinen Orden getreten, ſagt die Geſchichte, nach dem Ueberblik ſeines Lebens, und wieder=

berruft, er sei Jesuit geworden, was auch
die schwarze Räthsel sagen mögen, die ihm
die Verleugnung seines neunten Buchs vergeblich zu entzwingen suchten.

9.

Bekanntlich war Quintus Kurzius das
Hand- und Lieblingsbuch des nordischen Aben-
theurers, so wie Homer jenes des mazedoni-
schen Helden: beiden ruhte der Liebling unter dem Kopfkissen. Markus Kurzius stürzte
sich 362 Jahre vor Kr. Geb. in den Abgrund,
welcher sich auf Roms grosem Plaze geöfnet,
und dem ein dunkles Orakel Roms Köstlich-
stes beschieden hatte. In vollem Waffen-
schmuk sprengte er mit seinem Roß vor den
Augen des Volks in den Schlund, der sich
schloß.

10.

Ja! du kehrtest heim — doch alles Schöne,
Alles Hohe nahmst du nicht mit fort.
Deine Farben, deine Lebenstöne
Blieben uns und dein beseltes Wort.
Aus der Zeitflut weggerissen schweben

Sie

Sie verewigt auf des Pindus Höh'n;
Was unsterblich im Gesang wird leben,
Darf im Leben untergehn. *)

II.

In der Bildung der Nachwelt schuf sich
Münchhausen, in reizender Gestaltung der
Bildung Pfeffel, in der Bildung Himmels-
schwung Schiller sein Denkmal.

12.

Diamantglanz ist der einzige, welchen
die gemeine Welt nicht zu schwärzen sucht;
dafür hält sie sich um so lieber an die moralische Kleinodien. Hat die Natur die Werkstätte des ersten vor den schalen Bewunde-
rern verborgen, um die andere durch ihre
Reibung zu — puzen? denn mit hellerem
Glanze des wahrhaft Hohen endet doch immer
das angebliche und anmaßliche Schwärzen der
Liliputer! So wie das Roß von der Natur
ein vergrößerndes Aug erhielt, das es dem
kleinern Menschen durch seinen Riesenschein
unter-

---

*) Schiller.

unterthan macht, so hat sich der kleinliche
Mensch das Mittel erfinden wollen, das
Edel=Grose zusammen zu ziehn, um es nicht
verehren oder fürchten zu müssen. Aber die
Wahrheit macht aus dem Schein die Geisel
für den Knecht des Scheins.

13.

Fürchte nicht, — sagte der Meister des
Himmelsbogen — ich stelle
     dich unendlich wie ihn in die Unendlichkeit
                                    hin. *)

14.

Ehrenfried Walther von Tschirnhausen
aus Kislingswalde in der Oberlausitz (1651—
1708) studirte in Leyden, trug Hollands Waf=
fen, durchreiste das gebildete Europa. Er=
finder der berühmten Aezmittel, der Optik
Vervollkommner, der Brennspiegel Veredler,
der Vater von Sachsens Porzellan, lebte
er nur dem Wissen und Wirken. Jeder
Ehrenbezeigung entfliehend, aber reich an
ächtem Ruhme, war er nicht minder reich im
                                    Her=

———

*) Schiller.

Herzen, als im Geiſte. Talentvolle Menſchen
ſuchend, bildete er ſie zur Nüzlichkeit aus;
der Gebildeten Freund und Mitarbeiter, über-
nahm er die Drukkoſten ihrer Werke, um
der Welt zu geben, was ſie für ſolche leiſte-
ten. Auch ſeinen Feinden wurde er Wolthäter.

15.

Der Frigiſche Prieſter Dares ſchrieb eine
Geſchichte des Trojaniſchen Kriegs, die —
Aelians Zeitalter noch bekannt — dem unſri-
gen verloren gieng. Das, was noch ſo heiſt,
wird für unächt gehalten: indeſſ ſind wir mit
Homer ganz gut verſorgt.

Sir John Denham (1615) iſt durch ſein
Trauerſpiel, der Soſi, und ſein Gedicht Koo-
pershill berühmt. Nebſt ſeinen Werken ſind
Driden und Pope ſeine Lobredner.

16.

Majeſtät der Menſchennatur! dich ſoll ich
beim Haufen
Suchen? — — — — *)

17. Li-

*) Schiller.

17.

Linus, Apolls und der Terpsichore Sohn,
erfand die Melodie, und wurde Lehrer des
Orfeus, Thamira's und Herkules: lezter schlug
ihm, über einen Verweis aufgebracht, die
Leier auf das Haupt; er starb an der Wunde.
Die moderne Kultur hat auch das verhütet.
In so manchem Orchester stirbt nur das Meisterwerk — nicht der Meister — an der Miß-
handlung der Schüler.

18.

Die Feigheit eilt mit Faulheit an der Hand,
Vor Furcht zum Ueberlegungskriechen. *)

19.

Ueber Markus Porzius Kato, den berühmten Zensor, und eben so über den erlauchten Diktator Quintus Fabius Maximus
noch etwas sagen zu wollen, wenn man ihre
Namen genannt hat, das hieße sich vielmehr
erlauben, und andern viel weniger zutrauen,
als dies klassische Zeitalter gestattet. Also von
der

*) Timidi et ignavi ad deliberationem formidine
properant. Tacit.

der Geschichte der Thaten zur Geschichte der
Sitten; archäologische Falbalas an das historische Gewand.

Die erste Zensoren wurden im J. 310
nach Erbauung Roms erwählt, und empfiengen ihren Namen von ihrer erften Beftim-
mung, welche darin bestand, die Anzahl des
Volks und der Bürger Vermögen in einem
Verzeichnis zu führen. Die aus- und ander-
wärts beschäftigte Konsuln hatten den Zensus (so nannte man die Aufnahme und Er-
neuerung dieses Verzeichniffes) siebenzehn Jahre hindurch vernachläfigen müssen. Später
kam das Sittenrichteramt zu den Rechten und
Pflichten der Zensoren.

Die Zensoren wurden aus den angese-
henften Bürgern konsularischen Rangs ge-
wählt. Die nach und nach steigende Macht
dieses Amtes, welche sich über alle Stände
und Verhältnisse erstrekte, hob es zu der Stufe
des höchsten Ehrenamtes, und aus der Familie eines Zensors entsprungen zu sein, war
soviel als teutsche Stiftmäfigkeit. Auf kurulischen Stühlen hielten sie den Zensus auf
dem Marsfeld' ab: Senatoren wurden aus-
gesto-

gestosen, Ritter der Pferde beraubt, andere
Bürger in niedere Tribus versezt — lange
Ehlosigkeit, Verschwendung, Feigheit im Krie=
ge, Unsittlichkeit und Meineid waren die Haupt=
gegenstände ihrer rügenden Gewalt. Die
Zensoren in den Kolonien und Freistädten stan=
den unter ihrer Leitung. Der Tod eines Zen=
sors galt als Vorbedeutung eines Unglüks,
weil in demselben Lustrum, da Rom von den
Galliern erobert wurde, ein Zensor starb.

Ein Diktator — auch Volksmeister und
Oberst=Prätor genannt — wurde zum ersten=
mal neun Jahre nach Vertreibung der Könige
erwählt, um die beschränkte Gewalt der Kon=
suln in entscheidenden Augenbliken durch eine
unbeschränkte zu ersezen. Später wurden
auch minder wichtige Bestimmungen den Dik=
tatoren zu Theil. Dahin gehörte die Abhal=
tung der Komizien und Gerichte, die Auser=
wählung neuer Senatoren, die Anordnung
der Bus= und Feiertäge und der Schauspie=
le, (während des Prätors Krankheit) das
Einschlagen eines Nagels in die rechte Seite
von Jupiters Tempel; diese Zeremonie soll
anfänglich zu Bestimmung der Jahre gedient
haben,

haben, dann aber sollte sie gegen Seuchen oder sonstiges Staatsungemach helfen, und in solchem Falle wurde ein eigner Diktator dazu ernannt.

Der Befehlshaber der Reiterei, eigentlicher der Ritter, des Diktators rechte Hand, wurde von diesem selbst ernannt.

, 20.

Franz Zuccarelli, 1704 zu Pitigliano im Florentinischen gebohren, war Morandi's lezter Schüler: seinen beständigen Aufenthalt nahm er anfänglich zu Venedig; brachte jedoch mehrere Jahre und den Abend des Lebens in London zu. Der brittische Konsul Josef Smith war sein Freund. Vorzüglich zeichnete sich Zuccarelli durch die Zierlichkeit seiner Figuren in Mitte seiner lieblichen Landschaften und durch die warme Liebe zur korrekten Zeichnung und ihrer Uebung aus — noch im sechzigsten Jahre zeichnete er in der Akademie. — Und lebte doch im achtzehnten Jahrhundert!

21.

Der Himmel und die Erde waren die mithologische Eltern der oft genug stiefmütterlich von dieser behandelten Themis. Eunomia, Dize und Irene hießen die Horen, Töchter der Themis und Jupiters, und daher von väterlicher Seite holde Stiefschwestern der Grazien; Eunomia beschüzte die Gesezgebung, Dize verglich die Streitende, Irene war des Friedens freundliche Göttin. Die Parzen, schon einmal die Töchter der Nacht, wurden von der weissagenden Themis noch einmal gebohren, so wie zum zweitenmale von Jupiter gezeugt. Welch schönes Band hohen Sinnes schlingt hier die Fabellehre um die deutungsreichste Gestalten ihres Reichs! Grazien, Horen und Parzen um das elterliche Paar des Göttervaters und der ewigen Göttin des Rechts im Schwesterbunde verschlungen!

22.

Ein jeglicher versucht sein Glük,
Doch schmal nur ist die Bahn zum Rennen,
Der Wagen rollt, die Axen brennen,

Der

Der Held bringt kühn voran, der Schwäch-
ling bleibt zurük,
Der Stolze fällt mit lächerlichem Falle,
Der Kluge überholt sie alle. *)

23.

Leonardo da Vinci, Andreas Varrocchio's
Schüler, bedarf hoffentlich wie Kato und Fabius nur. — des Genanntwerdens: der Genius ist auf jedem Standpunkt' er selbst. Sein
Vater Ser Pietro duldete es nur mit Kummer, daß der geniale Sohn der ungenialen
Schreibstube entfloh. Varrocchio wurde bald
von seinem Schüler übertroffen, dem er in
dem Gemälde der Taufe eine Lüke zur Aus-
füllung ließ: Leonardo hauchte einen Kopf auf
das Blatt, welcher den armen Varrocchio alles fernern Muthes für die Mahlerei be-
raubte, und zu der Bildnerei zurükführte;
diese bereicherte er mit Wiederauffindung der
Kunst, menschliche Gesichter in Gips abzu-
formen. — Mit Michael Angelo wetteifernd
mahlte Leonardo für den Gonfaloniere Pietro Soderini zu Florenz die Geschichte des
21*   mai-

*) Schiller.

mailändischen Feldherrn Niccolo Piccinio: die=
ser meisterhafte Karton existirt nur noch in
einer Zeichnung und zwei Kupferstichen, be=
ren aber nur einer treu ist. — Ludoviko Sforza
von Mailand berief da Vinci'n zu Stiftung
und Leitung einer Zeichen=Akademie; zugleich
leitete der Mahler dem Herzog die Abda nach
Mailand, und schuf den schiffbaren, zweihun=
dert italiänische Meilen langen Kanal von
Mortsana nach Chavienna. Das Haus Sforza
fiel, und mit ihm da Vinci's mailändische Wirk=
samkeit. — Die (leider zum Theil verlohrne)
Schriften Leonardo's zeugen von Mannich=
faltigkeit und Gehalt seiner Kenntnisse, so wie
von rastlosem Bedürfniß der Thätigkeit und
dessen schöpferischer Befriedigung. Seine
vorzüglichsten Werke sind der Mahlerei, der
Anatomie und Mechanik des menschlichen Kör=
pers, der Mechanik und Maschinenlehre über=
haupt, den dichtenden Musen gewidmet. Viel=
leicht giebt Madrid diese noch ungedrukte Schä=
ze der Welt zurük, da sie aller Wahrschein=
lichkeit zufolge grösstentheils dorthin kamen.*)

Schon

<hr>

*) Vergl. Fiorillo Gesch. d. zeichn. Künste. I. Bnd.
S. 307 — 308.

Schon bei hohem Alter folgte er der Ein-
labung des edelgesinnten Franz I. im J. 1515
nach Frankreich. Zu Cloux bei Ambes wurde
er drei Jahre später krank, und machte sein
Testament. Franz besuchte den Leidenden, der,
sich im Bette aufrichtend, von Ohnmacht be-
fallen wurde; der König faßte ihn unterstü-
zend in die Freundesarme, in welchen er am
2. Mai 1519 verschied.

Du Fresne, Poussin, Caylus und Morghen
trugen jeder auf seine gelehrte und geistreiche
Weise zur Verklärung und Erklärung seines
Ruhmes bei. Abbate Comolli wurde sein neue-
ster Biograf.

24.

Dem nach und nach immer kinderlosern
Ludwig XIV. wurde zulezt die schönste Hofnung seines Hauses und Reichs, in dem viel-
versprechenden Werk Fenelons, dem Herzog
von Burgund entrissen. Telemach war der
gleichzeitige Sohn des edeln liebevollen Geists
von Kambrai, und, wie er, der Nachwelt werth,
der er manche wichtige Lehre im schönen Ge-
waud, und eine liebliche Schöpfung des den-
kend-wolwollenden Gemüths übergeben.

25. Un-

25.

Unter den pferdgeſtalteten Söhnen Ixions und der junoniſchen Wolke zeichnete ſich Fäeokomes durch Gröſe und Unmanier aus: jene bedurfte der Löwenhäute ſechs zu ihrer Nachtbeke, und dieſe fand ihren Lohn auf des Pirithous Hochzeit, wo ihn Neſtor erſchlug. —— Aegeon in der menſchlichen, Briareus in der Götterſprache, ein fünfzigköpfiger und hundertarmiger Rieſe bewachte die Orkusthüre, hinter welcher die gebundne Titanen lagen. — Lapithen, von Apolls Sohn Lapithus ſo genannt, hatten ihren Siz in Theſſalien, und waren die erſte Pferdebändiger. Bei der Hochzeitfeier ihres Königs Pirithous entſtand der berühmte Streit zwiſchen Zentauren und Lapithen: jene wollten die Braut Hippodamia entführen; dieſen ſtanden ihres Königs Freunde Herkules und Theſeus bei; der Ausgang des Kriegs war der Zentauren Untergang. — Aether entſproſſ von Kaos und der Finſternis. — Saturn, bei ſeiner Geliebten Filira von ſeiner Gemahlin Rhea belauſcht, verwandelte ſich in ein Pferd, Filira gebahr den Zentauer Chiron, und wurde aus Kummer darü-

darüber zur Linde. Chirons Weisheit und
Wissen machten ihn zur schönen göttlich=mensch=
lichen Mittelgestalt, und zum Lehrer der edel=
sten Helden der Fabel.

26.

Kolberts Schüzling, der fleißige Galland
(1646 — 1715) einfach in Sitten und Lebens=
art, der Sache hingegeben und die Schreib=
art vernachläsigend, im Sammeln und Ver=
arbeiten seiner Werke, nicht in den Anstalten
des Lebens und ihrer Entwiklung geniesend,
machte dem Westen das schäzbar=liebliche Ge=
schenk der Tausend und einen Nacht,
die er im Osten holte: auch schrieb er von
dem Ursprung des Kaffe's, übertrug den Al=
koran, und sezte Herbelots orientalische Bi=
bliothek fort. — Gastons von Orleans Hi=
storiograf — Varillas (1624 — 1696) — lebte
einsam und einfach, aber behaglich. Er ent=
erbte einen Neffen wegen dessen beharrlicher
Versündigung gegen die Rechtschreibung. Ohn=
erachtet dieser orthografischen Orthodoxie lies
er selbst sich wol schwerere Sündhaftigkeit gegen
seine Göttin, die Muse der Geschichte zu Schul=
=den

den kommen. Menage sagte ihm daher: er
habe eine Kezergeschichte voll Kezereien gelie=
fert. An den Augen leidend, schloß er jeden
Abend mit den Fensterläden auch die Bücher,
und schrieb aus dem Gedächtnisse und — der
Einbildungskraft; um deswillen das viele halb
Wahre und nicht weniger ganz Unwahre. —
Saint=Reals (1640 — 1692) geistvolle — wenn
schon nicht selten historisch = romantische, —
Schriften sind jedem Freunde der ächten Li=
teratur bekannt. Wer las nicht mit Genuß
Spaniens Verschwörung gegen Ve=
nedig, über den Gebrauch der Ge=
schichte, Don Karlos. Einige Zeit in ge=
nauer Verbindung mit Varillas stehend, wurde
er von diesem beschuldigt, ihm Papiere ent=
wendet zu haben.

Wer für Arouet und die beide Tazitus
einer Anmerkung bedürfte, sollte — wie Va=
rillas die Bücher ohne Ausnahme zumachen.

27.

Franz Biéte (1540 — 1603) Requetenmei=
ster und — Archimeds und Euklids Geistes=
genosse. — Er bediente sich zuerst der Buch=
staben

ſtaben zur algebraiſchen Bezeichnung bekann=
ter Gröſen, und ihm dankt man die Analisis
speciosa, die Regel zu Ziehung der Wurzel
aller arithmetiſchen Gleichungen, eine andere
zu demſelben Zweke für Buchſtaben=Gleichun=
gen durch die Approximazion, und die Con-
structio geometrica, oder die Kunſt, vermit=
telſt der Linien Gröſen oder unbekannte Wur=
zeln zu finden. Mit dieſen Triumfen menſch=
licher Geiſtes=Einfachheit über die Füllefeſ=
ſeln der Sinnenwelt beſchäftigt, ſas er öf=
ters drei Tage und Nächte ohne Eſſen und
Schlaf an der Arbeit, oder lies ſich auf dem
Schreibpulte auftragen: Das Schmauſen aber
nannte der Sonderling eine Frohnarbeit. Adrian
Romanus legte Europa's Mathematikern ein
Problem vor; Viéte löſte es, erweiterte es
ſogar verbeſſernd, und gab ſeinerſeits ein neues
auf: da eilte Adrian nach Frankreich, inni=
gen Freundſchaftsbund mit ſolchem Mann zu
ſchlieſen. — Viéte verbeſſerte den Gregoria=
niſchen Kalender nach dem römiſchen Kirchen=
ſtile, und legte ihn ſo dem Legaten, Kardinal
Aldobrandini zu Lion vor. Als die Zeiten der
Ligue die Zifferbriefe aufbrachten und ſich die,
Frank=

Frankreich durch Ränke verwüstende Spanier ihrer bedienten; kam nur Viéte mit ihrer Enträthselung zu Staude, und laut schrien die Spanier über Zauberei.

28.

Die himmlische Freundin des weisen Numa wohnte bekanntlich, in dem Thale, das nach ihrem Namen heißt, und wurde nach seinem Tod vor Trauer zur Quelle im arizischen Hain. Diese befand sich vor dem kapenischen Thore, und ihr Hain war auch den Musen heilig. Noch sind Reste der spätern prächtigen Umgestaltung von Quelle und Grotte übrig; auf einem Hügel, unter dem sie entspringt, steht eine keine Kirche des heil. Urbans, die von Ruinen eines Bacchustempels getragen werden soll. Jezt stehn öfters die Bacchuskapellen auf Numastempeln. Im Vorübergehn bemerke ich, daß Numa ein trefflich charakteristischer Titel für irgend ein liberales Werk eines Gusses oder p e r i o d i s c h e n Ganges über Gesezgebung wäre. Uebrigens gebe uns der Himmel viele lebendige Numa's, die aber,

wie

wie der alte Urnuma, keiner Egeria für sich,
nur für ihre Leutchen bedürfen!

29.

Göttin Peta war die Patronin der Be‐
gehrenden und Suchenden. Ihr Publikum ist
so wenig ausgestorben, als ihr Dienst, kennt
man sie gleich nicht mehr unter dem altrö‐
mischen Namen, so wie diesen nicht mehr un‐
ter altrömischen Formen. Das kriechende Ge‐
schlecht ist — zwar nicht unsterblich — doch
untödbar.

30.

Heil der Menschheit! Segen und Dank‐
glut der hohen, ewigen Macht über den ho‐
hen Sternen! — Jedesmal, wenn die Pflanz‐
schule des Geistes hienieden unter dem immer
trübern und sengendern Druk verheerungs‐
schwangerer Verdunklung litt, trat aus der
düstersten Wolke ein Lichtbote, der neue Him‐
melsfunken in die Selen und auf den Pfad
streute!

Die silberne Wellen des heil'gen Ibers
   Sie sahen Auroren, und strahlten ihr
      Bild.

                   Die

Die schüchterne Nimfen im dunkeln Ge=
busche,
Sie sahen Auroren, und schlüpften hinab.
Am Ufer erquikten sich spriesende Blumen
Im Schimmer der Göttin, und fühleten
neu,
Die Vögel besangen mit Zungen der Harfe
Die Schönheit der Göttin — — — *)

31.

Zu Torrelaguna gebohren, weihte sich
Franz Ximenes (1437 — 1517) den Wissen=
schaften zu Alkala und Salamanka. Der lo=
sen Speise der Scholastik müde, wanderte er
nach Rom, und brachte die unbestimmte An=
wartschaft auf die erst erledigte Pfründe zu=
rük. Der Erzbischof von Toledo gab ihm,
statt ihrer Erfüllung, den Kerker im Thurm
von Uzeda. Dafür weissagte ihm ein mitge=
fangener Priester die Tiara von Toledo. Die
wiedergewonnene Freiheit, machte ihn zum
Vikar des Bischofs von Siguenza, Kardinals
Gonsalez von Mendoza. Dann nahm er zu
To=

---

*) Herder.

Toledo, das Franziskanergewand. In tiefer
Einsamkeit lag er zu Kaftanel den Sprachen
des Morgenlands ob.   Obernbefehl machte
ihn zum Prediger, Königin Isabella zu ihrem
Beichtvater, und des Priesters Kerker-Pro-
fezeiung erfüllend, zum Erzbischoff von Toledo.
Kräftig wirkte er nun für Kirchenzucht, Klo-
sterordnung und Wolthätigkeit — Sein Orden waffnete alles, selbst die Hand des eignen Bruders, doch vergeblich, wider ihn.
Julius II. sezte den Kardinalshut auf das
Haupt, Ferdinand der Katholische gab den
Zepter in die Hand des Energischen.   Im
Geiste der Kraft und der Zeit minderte er
Auflagen, verbrannte den Koran, taufte Mau-
ren, wenn er sie nicht vertilgte, bezwang an
der Heeresspize Oran, schuf Getreidehäuser,
und empfieng von dem sterbenden Ferdinand
die Vollmacht der Regentschaft.   Im Geiste
mönchischer Rauhheit stählte er die Inqui-
sizion, nannte seinen Gürtelstrik die Geisel,
seine Sandalen die Zertreter der Baronen-
macht, und zeigte den murrenden Grosen
von seinem Balkon in donnernden Feuer-
schlünden die Ermächtigung zu seiner Gewalt.

Von

Von Karl V. bestätigt, hob er den von ihm zuerst bewaffneten Bürgerstand, bildete ein Heer, ergänzte die zersplitterte Domänen, und heilte die verwüstete Finanzen. Er stiftete Alkala's Universität, und gab das Muster der Poliglottenbibel, an die er aus eignem Vermögen sechzigtausend Dukaten wandte. Aus einem einzigen Knochen bestand sein fester, nathloser Schädel. Eine Forellenpastete gab ihm den Tod.

Sebastiah Ximenes (1600 gest.) gab zu Toledo die Konkordanz der Rechte heraus.

32.

Zwei sind der Wege, auf welchen der Mensch,
zur Tugend emporstrebt.
Schließt sich der eine dir zu, thut sich der
andre dir auf.
Handelnd erringt der Glükliche sie, der Lei=
bende duldend:
Wol ihm, den sein Geschik liebend auf
beiden geführt. *)

33.

Du bist gros, und mächtig bist du —
nicht genug!
Auch

---

*) Schiller.

Auch meine Achtung mußt du dir gewinnen,
Daß deiner Gunst Verlust mich schmerzen
mag,
So wie ihr Nichtgewinn — — — *)

34.

Pellegrino Pellegrini, auch Pellegrino
Tibaldi (1527 geb.) wurde von Bologna und
Mailand in Anspruch genommen. Der Streit
hat sich dahin berichtigt, daß sein Vater, aus
Bologna gebürtig, als Maurer nach Mailand
zog, wo ihm das Leben des großen Künstler=
genius, seines Sohns, begann. Bagnaca=
vallo (eigentlicher Bartolomeo Ramenghi)
Rafaels Schüler, dessen Meisterwerke in der
Kapelle della Pace zerstöhrt sind, war sein
erster Lehrer; Michael Angelo der zweite
durch Werke, Leitung und Freundschaft. Nach=
dem er Rom geschmükt, und schon in einem
Alter von drei und zwanzig Jahren die Kirche
des h. Ludwigs von Frankreich mit treflichen
Kunstschöpfungen bereichert, schuf er in dem
Pallast Poggi zu Bologna, in dem Saale,
wel=

_____

*) Labrüiere.

welcher nachher der Versammlungsort der
klementinischen Akademie wurde, Gemälde
aus Ulissens Leben, welche noch die Bewun=
derung der Nachwelt an sich fesseln. Als
Baumeister gründete er für den Kardinal Bor=
romeo den Pallast della Sapienza in Pavia,
und das Eskurial in Spanien für Filipp II.
Dieser ehrte ihn hoch, konnte aber die Vater=
landsliebe nicht aus seinem Busen verdrän=
gen: er kehrte zum Bau der Domkirche nach
Mailand zurük, wo er in hohem Alter, doch
einem unbekannt gebliebnen Jahre starb. Die
Caracci nennen ihn mit Recht den verbesser=
ten Michael Angelo. Aber vor allem bezeich=
net ihn die seltne geniale Verbindung hoher
Würde und Kraft mit zarter Anmuth, indeß
Michael Angelo nur jene, Korregio nur diese
in vorzüglichem Grade besas. Saint=Bouil=
lement und Bartolozzi haben seine Meister=
werke in Kupferstichen nachgebildet.

35.

Schatten (Umbrae) hiesen in der römi=
schen Tafelsprache jene Personen, welche von
geladnen Gästen mitgebracht werden durften.

Ich

Ich an der Oberstelle — neben mir
Turinus; unten — ist mir recht — Freund
Varius:
Vibidius neben Balatro, die uns
Mäzenas mitgebracht als Schatten *) — — —
— — — — Auch ist noch Raum
Für ein'ge Schatten, doch umschwebt die eng
Gepreßte Tafel dann kein Rosenduft. **)

Das Tafelzimmer (Coenaculum) enthielt
drei Ruhbetten, auf welchen sich die Gäste
um den Tisch lagerten. Jedes Ruhbett (tri-
clinares oder discubitorii) hatte gewöhnlich
Raum für drei Gäste, welche den Oberleib
auf den linken Arm lehnten, den Kopf etwas
in die Höhe richteten, den Rüken mit Kissen
unterstüzten, und die Beine der Länge nach
ausstrekten, oder ein wenig gebogen hielten.
Der erste hatte seine Füse hinter dem Rüken
des zweiten, der zweite hinter jenem des dritten, zwischen ihnen war ein Kissen. Der
Kopf des zweiten war der Brust des ersten

ent-

---

*) Horaz. Satir. II. B. 8. Sat. v. 20—22.

**) Horaz. Epist. I. B. 5. Ep. v. 28—29.

entgegen gekehrt. Die Sprechende richteten
sich beinah ganz in die Höhe, sich auf Kissen
stützend — beim Speisen selbst erhoben sie sich
auf den Elbogen. Der mittlere Pláz des Ru-
hebettes galt für den ehrenvollsten. Bisweil-
en lagen auch vier Personen auf dem Bette;
mehrere zusammen zu drängen, wurde für Geiz
gehalten. Die Anzahl der Ruhebetten hieng
übrigens von der Anzahl der Gäste ab, deren, nach dem Ausspruch des Varro, nicht
weniger als der Grazien, und nicht mehr als
der Musen sein sollten. *)

Die Ruhebetten erlagen nun zwar dem
zerstöhrend-schaffenden Zepter der Sitte, aber
die Schatten nicht. Und von Natur- und
Rechtswegen! Denn wie sollte ohne sie das
Licht (oder wenigstens der Lichtwahn) so mancher Gastgeber und Hausmacher bleiben?

Der berühmte Schmausername Apizius
lebt in dreifacher Glorie. Der erste blühte
unter Silla, der zweite unter August und Tiber, unter Trajan der dritte. Der zweite
verklärte sich am mächtigsten. Sein Haus war
die

---

*) Vergl. Adams röm. Alterthümer.

die Schule der Schwelger, ein Gaſtmal koſtete ihm anderthalb Millionen, und als er nicht mehr reich genug war, um ſeine rühmliche Bahn zu verfolgen, nahm er Gift.

36.

Ovid mahlte die klapperdürre, gräßliche Invidia. Uebrigens verhält ſich der Neid zum Haſſe, wie die Kaze zum Tiger, und ſein Lob wie ſein Tadel ſchwellt die Segel des Ver=dienſts: ſeine Sklaven müſſen wider ihren Willen das Orlogſchiff bemannen, das ſie ver=ſenkt wünſchen.

Mit dem Filiſter ſtirbt auch ſein Ruhm; du, himmliſche Muſe,
Trägſt, die dich lieben, die du liebſt, in Mnemoſinens Schoos *).

37.

Epafus wurde in Egipten dem Jupiter von der Io gebohren: aber auch Klimene ge=bahr dort dem Helios den Faeton. Als die=ſem Epafus vorwarf, er ſei kein Sohn des Sonnengottes, ſondern nur fälſchlich von der

eiteln

22 *

---

*) Schiller.

eiteln Mutter dafür ausgegeben, überraschte
Faeton durch Apolls Schwur beim Stix, die
Zügel des Sonnenwagens. Er stürzte von
Jupiters Blizen getroffen in die Fluthen des
Eridanus. Seine Schwestern, die Heliaden,
wurden vor Trauer stets flüsternde Pappeln,
ihre Thränen im Wasserschoos durchsichtiger
Bernstein, sein Freund zum Schwane.

38.

Wer Plutarchs biografische Kristalle kennt
und genoß, (und wer sie kennt und genoß,
verläßt sie nimmer) bedarf keines erläuternden
Wortes über Epaminondas. Und wer sie nicht
kennt, finde keines, aber eile zu dem hohen,
nie versiegenden Genusse. Der hohe Theba-
ner steht unter den ersten jener Idealschaar,
von welcher, was auch die Welt sei und
werde, Tazitus goldne Worte gelten: des
Beispiels Kraft überlebt der Sitten
Macht! *)

39.

Kinder sprechen von Wissen und Thun als
doppelten Dingen;
Bei-

---

*) Histor. IV. B. 10. Kap.

Beide werden nur Eins in des übenden
Mannes Gemüthe,
Dessen Sele des Ewigen Sinn, die Sele
der Welt ist.
Hören und Sehen, Gefühl und Bewegung,
Essen und Trinken,
Schlaf und Wachen, Handeln und Ruhe
und welche Vermögen
Sonst er übe, sie trüben ihm nicht die Stille
des Geistes,
Wie von der Meereswelle der Lotos nim-
mer befleft wird. *)

40.

Lorenzo Zaccagni (1657—1712) trat in
früher Jugend in den Augustiner-Orden. Er
lebte und webte nur in der gelehrten Vorzeit; seine Kenntnisse und sein literarischer
Ruhm sezten ihn als Obervorstand an die
Spize der vatikanischen Bibliothek. Aus der
Fülle ihrer ungenüzten oder vernachläsigten
Schäze gab er seine Kollektaneen alter Denk-
male der griechischen und lateinischen Kirche
heraus. (Rom 1698.)

41. Den

─────────

*) Herder.

41.

Den Helden der Gemeinnützigkeit gehört
der Menschheit Nachhall; ihm wird der Menschenkraft Wiederhall.

42.

Da ist kein andrer Rath, du mußt suchen
sie zu verachten,
Und mit Abscheu alsdann thun, wie die
Pflicht dir gebeut. *)

43.

Neptun liebte Erisichthions Tochter, Mestra, und gab der Geliebten auf ihr Bitten
die Fähigkeit, nach Willkühr jede Gestalt anzunehmen. Als nun der arme Sohn des
Triopas, ihr Vater, einen der Zeres heiligen Hain umgehauen, und dafür von dieser
Göttin mit der Hungerwuth verflucht, alles
aufgespeißt hatte, was sein war, blieb ihm
nur in Talent und Liebe der Tochter die einzige Zuflucht. Täglich nahm sie eine andere
Gestalt an, ließ sich in dieser von dem unersätilichen Vater verkaufen, und kam dann

zu=

---

*) Schiller.

zurüf, um das rettende Spiel zu erneuern. Es
läßt sich mithin die Begeisterungsgabe des
Hungers schon aus unverwerflichen antiken
und mithologischen Urkunden nachweisen. Indeß endigte freilich der arme Erisichthion —
vermuthlich weil man zulezt die Magie des
Verkaufs entdekte oder Mestra's Umgestal-
tungsgabe erschöpft war, — er endigte leider
damit, daß er verzweifelnd das Fleisch von
den eignen Knochen nagte, und sich im ei-
gentlichsten Verstand selbst aufzehrte.

44.

Daß die Paradisvögel vortreflich zum Rei-
ten sein müßten, läßt sich wol nicht bezwei-
feln: denn sie haben erstlich keine Füse, können folglich nicht straucheln, somit die Reiter
wenigstens aus diesem Grund nicht auf die
Nase fallen, und dann suchen sie, vom innern unwiderstehlichen Triebe gelenkt und rastlos fortgedrängt, das, was der Mensch auch
eben so warm, doch nicht so unermüdet sucht,
und eigentlich minder sucht als wünscht —
das Paradis. Eine solche Maskopei zwischen
dem strebenden Bewohner der Lüfte und dem

begeh-

begehrenden Bürger der Erde würde also neue
Resultate, und diesem leztern den erhaltend
adelnden Aufschwung über seine grüne, doch
nicht selten auch feuchte und nebelige Mutter
gewähren. Sonderbar, daß die, dem Schwin=
del doch so sehr ausgesezte Erdenkinder lie=
ber glänzend unzuverläßige Schmetterlinge be=
steigen, auf welchen sie nicht nur die Weihgabe
der Reitschule, Schluß und Führung, sondern
auch die Fähigkeit zu beiden verliehren, und
anti=faetonisch stürzen. Glauben sie vielleicht
im Schmetterlingssattel Silfen zu werden?

45.

Es giebt nicht blos eine Art, wie die
Volksstimme als Gottesstimme aufzunehmen
ist. Ihr lautes Nein beweißt oft soviel für
die Güte einer Sache oder eines Menschen,
wie ihr lautes Ja. Das Verdienst im Ein=
zeln entgeht schon nicht selten schwer genug
der Gefahr, auf Kosten seiner Bibliothek be=
graben zu werden (ohne daß sie einmal zu=
reicht) wie Franz Walsingham: aber des viel=
seitigen Verdienstes Gräul wird vollens durch
den Pigmäen=Ausspruch beurkundet: es wisse
ent=

entweder nicht ohne Abſäze zu gehn, oder
trage durchaus keine aus ſtolzer Beſcheiden-
heits-Arroganz. Guter Thomas Abbt! dein
ihm geweihtes Werk muſſte vergeſſen werden,
wie dein Tod für das Vaterland. Warum
wählteſt du aber auch Gegenſtände, auf deren unwillführliche Lippenberührung man mei-
ſtens ein Glas Lethewaſſer ſezt, wie der Nord-
länder auf jede Schüſſel eine Schale Brand-
weins?

Architas von Tarent, Pithagoras Zögling
war gleich gros in den Kenntniſſen des Filoſofen, des Mathematikers, des Staatsmanns
und des Feldherrn: in einem Schiffbruch an
Apuliens Küſten kam er um.

46.

Unbewuſſt der Freuden, die ſie ſchenket,
Nie entzükt von ihrer Herrlichkeit,
Nie gewahr des Geiſtes, der ſie lenket,
Sel'ger nie durch meine Seligkeit,
Fühllos ſelbſt für ihres Künſtlers Ehre,
Gleich dem toden Schlag der Pendeluhr,
Dient ſie knechtiſch dem Geſez der Schwere,
Die entgötterte Natur.

Mor-

Morgen wieder neu sich zu entbinden,
Wühlt sie heute sich ihr eignes Grab,
Und an ewig gleicher Spindel winden
Sich von selbst die Monde auf und ab.
Müßig kehrten zu dem Dichterlande
Heim die Götter, unnüz einer Welt,
Die, entwachsen ihrem Gängelbande,
Sich durch eignes Schweben hält. *)

47.

Dem Studium der Rechte entweichend,
überließ sich William Kongreve (1672—1728)
dem Genius, der ihn zum Dichter weihte.
Sein erstes Werk war der alte Jungge-
selle, ein Luftspiel, welches der geistvolle
Driden für den treflichsten Erstling erklärte,
den er je gesehn. Allgemeiner Beifall empfing
ihn, allgemeines Interesse für ihn sprosste
daraus. Lord Hallifax wurde ihm Freund und
Gönner, und verschaffte ihm die bescheidne
Lebensgemächlichkeit, deren der Dichtergenius
eben so sehr bedarf als würdig ist. Der Betrüger und Liebe um Liebe sind zwei
spä-

---

*) Schiller.

spätere Geschenke der Thalia an Kongreve's Geist. Später begann er die **traurende Braut**, ein Trauerspiel, und Melpomene kränzte den Schöpfergeist mit schwesterlichen Blumen. Der **Weltlauf** beschloß seine dramatische Laufbahn; aber der Dichter wirkte in einzeln Poesien und geistreichen Nachbildungen fort, und vom Podagra bestrikt, beinahe der Augen beraubt, siegte der immer rege Geist über den sinkenden Körper durch seinen wizigen Schwäzer. Westminster gab ihm — was Schillern nicht wurde, wie Teutschland kein Westminster — ein Denkmal.

48.

Und regneten die Wolken Lebensbäche;
Nie wird der Weidenbaum dir Datteln
tragen.

Verschwende nicht die Zeit mit schlechten
Menschen;

Gemeines Rohr wird nie dir Zuker geben.
Kannst du ein gutes Schwerd aus weichem
Thon dir schmieden?

Aendert, von Menschen gehegt, je sich des
Wolfes Natur? —

Ist's

Ist's nicht einerlei Regen, der hier auf sal-
zigem Boden,
Distel und Dornen erzieht, Blumen den
Gärten verleiht?
Also verschwende du dir nicht Samen und
köstliche Wartung:
Böses den Guten, und Gut's Bösen er-
zeigen, ist Eins. *)

49.

Zwar ist der geniale Menschen- und Sit-
tenmahler, den Frankreich gebahr, und welcher dem menschlichen Geschlecht angehört,
schon hundert fünf und dreisig Jahre
todt, und so manches Zeitsimptom berechtigt
in weit kürzerer Frist zu Hamlets Worten:

„Denn seht ihr, wie freundlich meine
„Mutter blikt, und mein Vater starb erst
„vor zwei Stunden."

„Nein, es sind zweimal zwei Monden,
„mein Prinz."

„So lang'? nein, dann laßt den Teufel
„Schwarz tragen, ich will einen Zobelpelz
„haben. O Himmel! gestorben vor zwei
„Mon-

*) Herder.

„Monden, und noch nicht vergeſſen! · dann
„darf man ja hoffen, daß eines groſen Man-
„nes Gedächtnis· ſein Leben · um ein halt
„Jahr überleben·mag; aber er muß Kirchen
„bauen dazu."

Indeſſen ſchuf der groſe Mann, von dem
hier die. Rede iſt, frohe Stunden, und ſo
darf man denn ·wirklich aufs Nichtvergeſſen
hoffen, ob er gleich keine Kirche baute, ſogar
nur auf königlichen·Befehl in einer begraben
werden konnte.

Ariſtofanes hat glüklich ſeit dem pelopon-
neſiſchen Kriege bis jezt gelebt, und wurde
ſogar St.·Kriſoſtoms Schlafgenoſſe — der
Kirchenvater legte ſeine Werke unter ſein
Hauptkiſſen — Möchte der Ehrenbürger des
griechiſch‑klaſſiſchen Alterthums — zugleich
der Patriarch der vaterländiſch‑klaſſiſchen Literatur (den hier noch nennen. zu wollen,
hoffentlich Kränkung eines dankbaren Zeit-
alters wäre) möchte er die eilf·ſchönen Reſte,
welche uns von fünfzig Schöpfungen blieben,
vollendet unſerer Sprache geben, und in
ihnen für dieſe und uns· einen bereichernden
Schaz!

50. Nur

50.

Nur der Körper eignet jenen Mächten,
Die das dunkle Schikfal flechten;
Aber frei von jeder Zeitgewalt,
Die Gespielin seliger Naturen,
Wandelt oben in des Lichtes Fluren,
Göttlich unter Göttern, die Gestalt.
Wollt ihr hoch auf ihren Flügeln schweben,
Werft die Angst des Irdischen von euch,
Fliehet aus dem engen dumpfen Leben
In des Ideales Reich!
Jugendlich, von allen Erdenmalen
Frei, in der Vollendung Strahlen
Schwebet hier der Menschheit Götterbild,
Wie des Lebens schweigende Fantome
Glänzend wandeln an dem stig'schen Strome,
Wie sie stand im himmlischen Gefild,
Ehe noch zum traur'gen Sarkofage
Die Unsterbliche herunter stieg.
Wenn im Leben noch des Kampfes Wage
Schwankt, erscheinet hier der Sieg *).

51.

Die Römer verehrten die Göttin Empanda als die Schüzerin der Landleute und
ihrer

———————

*) Schiller.

ihrer Hütten und Dörfer; die Göttin Epona
als jene der Ställe und Eseltreiber. Empuſa
war ihnen des Teufels Grosmutter und Ober-
Hexen-Grosmama, bald einfüſig, bald mit
einem eiſernen und einem Eſelsfuſe dekorirt,
aller Geſtalten mächtig, und ſtets darauf be-
dacht, das arme Menſchengeſchlecht zu ſcha-
bernaken. Verdient das zu ſo edler Beſtim-
mung berufne und darum ſo reiche Geſchlecht
irgend in einer Rükſicht das dürftige Bei-
wort arm, ſo iſt es dann, wenn man ſeine
Neigung erwägt, ſich mit aller Gewalt ein
Schabernaks-Prinzip auſſer ſich zu ſchaffen.
Dieſer Armansmanie wird es denn auch nie
an Geſpenſtern fehlen, weil ſich jedes ihr
entriſſen polipenartig in ihrer Einbildungskraft vervielfacht regenerirt.

52.

Fozion, Plato's und Xenokrats Schüler,
tiefen Geiſts, hohen Gemüths, feſter Kraft,
gedrängter Beredſamkeit, nie ſich verläugnenden Handelns, von Demoſthenes das Beil
ſeiner Reden, von den Soldaten das
Zeichen der Kälte genannt (denn nur im
aus-

äussersten Froste trug er Mantel und Schuhe)
Alexanders und Antipaters Geschenke ver-
weigernd, dem leichten Pöbel Athens zu gros,
von ihm zum Tode verurtheilt, und von dem
Gastrecht verlezenden Polisparchon seinen Feinden ausgeliefert, nannte sein Loos das Loos
der grösten Bürger Athens, empfahl seinem
Sohn sterbend, die Ungerechtigkeit des Vaterlandes gegen den Vater zu vergessen, borg-
te vom Freunde den Tribut für den Gift-
trank, theilte ihn mit dem andern, der darum
bat, und leerte ihn. Der Haß seiner Feinde
raubte ihm das Grab, das ihm der Muth
einer Freundin gewährte, die seine Asche unter ihrem Heerde barg. Athens Volksschaum
verschlang später, wie vorher schon des Sokrates, so seine Ankläger, und errichtete dem
Edlen, von dessen achtzig Jahren er den Tod
nicht ruhig erwarten konnte, eine Bildsäule.
Trefliche Weise, das Verdienst zu ehren, nach-
dem man seine Gefahr beurkundet, und die
Gröse zu verewigen, indem sie stumm wird.
Aber

Gleich dem Winde verfliegt das Leben mit
seinen Gestalten,

Schmerz

Schmerz und Freude verrauscht, Bittres
und Süßes, entflieht;
Aber das Unrecht bleibt, das der Unter-
drüker verübte,
Unsere Quaalen entfliehn; seine begleiten ihn fort. *)

53.

Diebe und Räuber verehrten Furina als
ihre Schuzgöttin. Juno Moneta stand dem
Münzwesen vor — in oder bei ihrem Tempel
war die Münze. Ihr Tempel selbst stand auf
dem kapitolinischen Berge an derselben Stelle, wo einst Manlius, Roms Retter, und
dann Roms Opfer, von dem Tarpejischen
Felsen gestürzt wurde. Am ersten Junius
wurde jedesmal ihre Tempelweihe begangen.
Noch jezt heißt auf den neuen Grundrissen
des alten Roms die Stätte dieses Tempels
Zecca vecchia (alte Münze).

Merkurn wird nebst vielen großen Eigen-
schaften auch die unschöne einiger Schuznei-
gung

---

*) Herder.

Morfeus.   23

gung für Furina's Pfleglinge, und mit so
manchem hohen Berufe auch der niedre bei-
gelegt, den olimpischen Speisesaal auszukeh-
ren. Momus, des Schlafes und der Nacht
Sohn, galt für den Gott des Scherzes und
Spottes, Komus für den der Tafelfreuden
und geselligen Unterhaltungen: sie sollten stets
vom Tindaridenband umgeben sein.

Plutus, Jasons und der Zeres (des
kühnen Seglers und der Fruchtbarkeit) Sohn,
und des Reichthums Gott, begieng anfänglich den Fehler, nur bei guten und edlen
Menschen einzukehren: viele darüber erhobne
Klagen machten es Jupitern rathsam, dem
guten Prüfer das Gesicht zu nehmen. Seitdem spricht er bei Gut und Schlimm vor,
lies sich auch führen und entführen. Gewöhnlich kam er hinkend an, und entfernte sich
fliegend.

Die Furien bedürfen keines Kommentars;
auch die Harpien, Sfinx und Gorgonen kennt
beinah jedermann. Daher nur noch von dem
schwesterlichen Drei der Gräen etwas. Sie
hatten, wie die Gorgonen, den Forzis oder
Gorgon und die Zeto zu Eltern, nur ein
Auge

Auge und einen Zahn in Gemeinschaft, die in der Reihe zum Sehn und Beissen herumgiengen, und bewachten ihre Stiefschwestern: Perseus nahm ihnen beides, und gab es nicht eher zurük, bis sie ihm den Aufenthalt der Gorgonen entdekten.

Auch Spes, die freundliche Göttin der Hofnung, hatte in Rom ihren Tempel.

54.

Bebas und Dahippus, zwei griechische Bildner, waren die Söhne des dritten Lisipps. Von jenen führt Plinius die hier erwähnten Kunstwerke an, und Vitruv erzählt, nicht der Genius, aber das Glük habe ihnen gefehlt. In dieser Hinsicht bliebe freilich die alte Welt sehr hinter der sogenannten neuen zurük — wären nicht Kunstlämmer so oft zu Osterlämmern in Egipten der Gemeinheit geworden, und hätten sich nicht Kunstraben an Eignem und Fremdem gütlich gethan und dabei lustig Pfaufedern aufgestekt. Glüklicherweise blieben die ächte Kunstgipfel den Kunstschneken unerreichbar, die meistens nur gern — daran nagen möchten.

Aber

Aber die neueste Welt beginnt auch hierin jugendlichen Himmelsschwung — der Erlauchte lebt und wirkt, der neue Vanloo's in seinen Pallast aufnimmt, um sie schaffen zu sehn, und der hohen Kunst wird die Befriedigung des hehren Pelikansrangs, den geliebten Zöglingen die nährende heil'ge Mutterbrust zu öfnen.

Lisipp, Bedas und Dahipps Vater, aus Sizion war Alexanders des Grosen Zeitgenosse, und der einzige, welcher sein Bild in Erz bearbeiten durfte. Nach dem Zeugnis des Plinius stellte er ihn in allen Abstufungen des Alters vom Knaben bis zum Manne dar. Zuerst Schlosser, dann Mahler, weihte er sich zulezt der Bildnerei ausschliesslich, bereicherte sie mit der ihr bis dahin fehlenden Begeisterung des Ideals, und schuf neue Ausbildung der Simetrie. Er war, wie einer der grössten, so auch einer der fruchtbarsten Künstler des Alterthums, deren man gegen sechshundert zählte.

55.

Feronia's Tempel war die heilige Stätte, wo die freigelassene Sklaven die Freiheit und

und ihr Zeichen, den Hut, empfiengen. Auch
soll sie die Schuzgöttin der Lusthaine gewesen
sein. Die ihr geweihte Andächtige, vermöch=
ten unbeschädigt über glühende Kohlen und
heises Eisen zu gehn. Herilus war ihr Sohn.
Er hatte drei Leiber, und in jedem eine eigne
Sele. Evander, Merkur's und der weissa=
genden Karmenta Sohn, musste ihn daher
dreimal tödten. Der Unkeuschheit Göttin, Co=
titto genoss zu Athen und Korinth feierlichen
Dienstes, und nächtlicher Feste. Ihre Prie=
ster hiesen Baptä (von Mahlen oder Schmin=
ken) und wurden ihrer Unsittlichkeit wegen ver=
abscheut.

56.

Der Veronefer Guarini, Urgrosvater von
dem Dichter des Pastor Fido, reißte nach
Konstantinopel, um bei Emanuel Chrisoloras,
einem der Apostel litterarischer Palingenesie
im Abendlande, griechisch zu lernen. Bei sei=
ner Rükreise soll er zwei Kisten voll griechi=
scher Handschriften mitgenommen haben, de=
ren eine unterwegs zu Grunde gieng. Der
Kummer über diesen Verlust beugte ihn so
tief,

tief, daß in einer Nacht seine Haare weis wurden!

Die schöne Diana von Poitiers, Franz I. und Heinrichs II. Geliebte, hatte den Grafen Johann Poitiers von St. Vallier zum Vater. In die Flucht des Konnetable's von Bourbon verwikelt, wurde er zum Tode verurtheilt. Das Flehen der Tochter rettete ihm das Leben; aber die Furcht, welche in einer Nacht sein Haar gefärbt, verlies ihn auch nach seiner Rettung so wenig, daß er von dem heftigen Fieber, in welches ihn die Todesangst gestürzt, nicht mehr genas. Man nannte daher äusserst hartnäkige Fieber nach seinem Namen. Wie verschieden doch die Wege zur Unsterblichkeit sind!

57.

Erfreue dich des Lichts auf deinem Wege,
Du Erdenpilger!

— — — — Jüngling,
Wenn du dich deines eignen langen Schat-
tens
Erfreuest, weh' dir! so ist deine Sonne,
Dem Untergange nah. So lange Licht,

Ein

Ein hohes Licht dich führt, vergiſſeſt du
Des Wahnes hinter dir, und eileſt fort.
O Herr der Welt, die Menſchen vor dir
                                ſpielen
Wie Kinder in dem Sande, nennen's Weis-
                                 heit,
Und hochberühmte Kunſt; und meſſen ſich,
Und zanken über ihres Schattens Schat-
                                 ten. *)

58.

Joſef Iſak Berruier aus Rouen (1681—
1758) ein Jeſuit, ſchrieb die Geſchichte des
Volkes Gottes einzig und allein aus
der heil. Schrift gezogen; einen bibli-
ſchen Roman, auf Thatſachen ruhend, mit
allem Pomp der Seladons und Aſträen aus-
geſchmükt. Sein Ordensbruder Tournemine
ſchrieb gegen ihn; Berruier widerrief, und
vertheidigte nachher ſein Werk. — Dem Miſtiker gelte übrigens der Orientsruf:

Hängſt du Tapeten von ſieben Farben über
                         der Thür' auf,
Und dein inneres Haus iſt mit der Matte
                        belegt? **)

                            59 Wie

---

*) Herder.   **) Herder.

59.

Wie tief liegt unter mir die Welt,
Kaum seh ich noch die Menschlein unten wallen!
Wie trägt mich meine Kunst, die höchste
unter allen,
So nahe an des Himmels Zelt!
So ruft von seines Thurmes Daché
Der Schieferdeker; so der kleine grose Mann,
Hans Metafisikus in seinem Schreibgemache.
Sag' an, du kleiner groser Mann,
Der Thurm, von dem dein Blik so vornehm
niederschauet,
Wovon ist er — worauf ist er erbauet?
Wie kamst du selbst hinauf — und seine
kahle Höh'n,
Wozu sind sie dir nüz, als in das Thal zu sehn?
Wie doch ein Einziger Reicher so viele
Bettler in Nahrung
Sezt! Wenn die Könige bau'n, ha-
ben die Kärner zu thun *).

60.

Fortuna heist bei Homer Ozeans Tochter, und würde von einem der ältesten Kunstwerke mit dem Füllhorn in der Hand, und
der Himmelskugel auf dem Haupte — nicht
unter den Füsen — vorgestellt. Die Römer
verehrten viererlei Fortunen.

For=

---

*) Schiller.

Fortuna virilis oder das männliche Glük erhielt ihren ersten Tempel, dessen Einweihungsfest auf den zehnten Junius fiel, in der Nähe des Tibers; er gehört noch jezt unter dem Namen der S. Maria Egiziaca den Armeniern. Die Römer hatten ihn dem heiligen Andenken ihres grosen Königs Servius Tullius geweiht, der aus der Sklaverei zum Throne aufstieg, und daher für Fortuna's besondern Liebling galt. Die Sage wollte, die Göttin habe ihn ehmals durch ein kleines Fenster seines Hauses in nächtlicher Stille besucht. Daher war die im Tempel stehende Bildsäule des Servius Tullius stets und unenthüllbar mit der Toga bedekt, um der Göttin jede Schaamröthe zu ersparen. Zwei andere Ursachen dieser Verhüllung findet man in der allgemeinen Volkstrauer um den weisen Nazionalwolthäter, und in dem Wunder, welches der Vaterfluch über die unnatürliche Tochter Tullia aussprach. Am ersten April, dem heitern Erstling des Lenzes in jenen Gegenden, begaben sich die Mütter mit ihren Schwiegertöchtern nach diesem Tempel, badeten in der nahen warmen Quelle, umkränzten ihr Haupt mit Mirthen, und opferten nichts, als Weihrauch in die Flamme, um stete Zuneigung ihrer Gatten und stete eigne Annehmlichkeit für sie flehend. Auch nahmen sie dort den Opfertrank der Liebe, und beteten um Schuz für Sitten

und

und guten Namen. Welche schöne antike
Andacht modernen Lästerschulen gegenüber! ›

Fortuna muliebris, oder das weibliche
Glük wurde an derselben Stätte erbaut, wo
Volumnia und Valeria, Koriolans Mutter und
Gattin, an der Matronen Spize auswandernd,
um die dem Streben der Männer unmöglich
gewordne Rettung Roms von Koriolan zu er-
flehn, ihr Gebet zu den Göttern verrichtet Senat und Volk beschlossen im Jubel das schönste
Denkmal; nur um dieses baten die Frauen. Sie
wählten die Priesterin, so wie sie die Bildsäule
der Göttin selbst verfertigen liesen. Am sechsten
Julius wurde ihr Fest begangen, und ihre Bildsäule von kürzlich vermählten Matronen (und
nie von einer Wittwe oder Wiedervermählten)
mit Blumen gekränzt.

Fortuna fortis oder das starke Glük wurde jenseits der Tiber ausserhalb der Stadt ver-
ehrt: Servius Tullius baute ihr den Tempel
zum Dank ihrer Gunst. Ripa Grande, wo jezt
die Schiffe landen, ist in seiner Nähe. Am
vier und zwanzigsten Junius fuhren die Andächtige, besonders der niedern Volksklassen, über
den Strom, das Einweihungsfest zu begehn.

Fortuna publika oder das Glük des Gemeinwols wurde am fünf und zwanzigsten Mai feierlich begangen: o sein ächter Dienst umfast
jedes Privatglük, und alle einzelne Feierstim-
men verschmelzen in seinem ächten Resultat
zum hohen Wonneton!

M** S** J** S***

Was nüzet Ali's Schwerd in seiner Scheide?
Was nüzet Sadi's Zunge, wenn sie schweigt?
Was ist, o weiser Mann, die Zung' im Munde?
Ein Schlüssel ist sie zu des Kaufmanns Schaz.
Unaufgeschlossen kannst du nimmer wissen,
Ob edle oder schlechte Stein' er hegt.
Vor weisen Männern schweigen, ist oft Tugend;
Oft ist mit Reden sich hervorthun, Noth.
Edel bleibet der Edelgestein, und läg' er im
Staube;
Flög' er gen Himmel empor, bleibet der
Staub, was er ist *).

---

*) Herder.